이지함 평전

이지함 평전

土亭 李之菡

신병주 지음

글항아리

머리말

새해마다 우리의 마음을 설레게 하는『토정비결』, 그러나 우리는『토정비결』의 명성만큼이나 그 저자로 알려진 이지함李之菡(1517~1578)에 대해서는 많은 정보를 갖고 있지 못하다. 그럼에도『토정비결』에 가려진 이지함은 실체가 드러나지 않는 미스터리한 인물로 자리잡은 채 많은 사람들에게 관심의 대상이 되고 있다. 그는 500년 전의 인물임에도 불구하고 현대인에게 여전히 신선한 매력으로 다가서고 있다.

하지만 과연 이지함을 신비의 베일 속에 감춰진 그런 인물로만 볼 수 있을까? 실록과『연려실기술』을 비롯해 일부 문집이나 현재 남아 있는 이지함의 저술들을 검토해보면 그의 삶은 결코 신비스러운 모습으로만 다가오진 않는다. 오히려 현실의 땅에 철저히 발을 딛고서 자신의 학문과 사상을 정립했으며, 백성들의 고통을 직접 목격하면서 그

것을 해결할 실천 방안을 찾으려고 부단히 노력했던 인물이었다.

그의 삶 속에는 사화라는 정치적 역정과 붕당정치의 시작이라는 현실 정치의 풍랑, 고통받는 백성들의 삶의 세계로 뛰어들기를 원했던 삶의 철학으로 말미암아 고난을 자처했던 인생 여정들이 파노라마처럼 펼쳐져 있다. 모순된 정치와 사회에서 눈을 돌리거나 은둔하지 않고, 현실의 모순을 직시하면서 개방적이고 열린 사고로 이를 극복하려는 실천하는 지성의 모습을 보여주고 있다.

국부國富의 증대와 민생에 유용한 것이라면 어떤 산업도 개발해야 한다는 신념과 유통경제의 중요성을 강조한 그의 사상은 근대 경제학자들의 논리와도 유사성을 갖는다. 이러한 점을 고려한다면 이지함을 조선중기를 대표하는 경제학자, 나아가 조선시대의 대표적인 경제 이론가이자 실천가라 칭해도 지나치지 않을 것이다.

필자가 이지함에 대한 평전을 쓰고자 한 것도 『토정비결』의 저자라는 것에서 나타나는 일반적인 선입견—점술과 복서에 능하고 미래를 예견하는 능력을 지닌 특이한 인물—에서 벗어나, 그의 학문과 사상이 철저하게 당대의 현실을 기반으로 하고 있다는 점과 그 속에 개혁 정책이 짙게 깔려 있다고 생각했기 때문이다. 나아가 시대를 앞섰던 그의 사상과 실천성을 적극적으로 소개하여 조선시대 학자들의 역동적인 측면을 부각시켜보고 싶었다.

이지함으로 대표되는 역동적인 지식인들의 모습은 여태껏 조선시대 학자들에 대한 이미지를 한 꺼풀 벗길 수 있다는 확신도 들었다. 사실 조선시대 지식인 하면 일반적으로 고리타분하고 자기 학문 이론에만 집착하여 상대방과는 결코 타협하지 않는 외곬의 모습으로 이해됐다. 그런 점에서 실천을 중시하고, 민중 지향적인 선명성을 지닌 이지함의 면모는 부정적인 지식인의 이미지를 바꾸기에 충분하다. 늘 가난한 민중의 편에 서서 활동하면서, 그들을 위한 개혁 정책을 구상했던 학자 이지함, 그의 민중 지향적인 사상은 한산 이씨 명문가의 후손이라는 기득권을 벗어던지고 나온 것이기에 더욱 의미 있게 느껴진다.

이지함은 『토정비결』의 비결이 주는 이미지만큼 결코 특이하고 고립적으로만 존재한 학자는 아니었다. 서경덕徐敬德, 조식曺植, 정렴鄭礦, 박지화朴枝華, 남사고南師古 등 이지함과 동시대를 살았던 인물들 중에는 성리학만을 고집하지 않고, 천문·역법·복서·도가 등 다양한 사상에 두루 관심을 보이는 학자들이 적지 않았다. 그동안 이들의 모습이 왜소하게 취급된 것은 조선중기 사상사의 흐름을 주자성리학 중심으로만 이해한 데서 비롯된 것으로, 이들 학자가 추구했던 면면을 살펴보면 다양한 학문과 사상이 공존하던 당대의 분위기를 읽을 수 있다.

이지함은 16세기 초반에 출생해 후반까지 활약하면서 특히 해양자원과 수공업의 중요성을 역설했다. 이것은 무엇보다 이들 산업이 국부의 증진과 민생 안정에 유용하다고 판단했기 때문이다. 성리철학의 이론 논쟁을 학자들만의 공리공담空理空談으로 비판하고 보다 현실적으로 대응하려 한 그의 선각자적인 모습은 당대보다는 후대의 실학자들에 의해 널리 수용되었다. 유형원이나 박제가가 그의 사상을 높이 평가한 대표적인 실학자이다.

이 평전에서는 주로 특이한 인물로만 여겨졌던 이지함의 실체를 하나하나 되짚어보면서 그의 학문이 형성된 지역적·시대적 배경, 지향했던 학문의 요체, 나아가 이지함이 형성한 인간관계의 주요한 특징들을 찾아보고자 한다. 나아가 후대의 이지함에 대한 평가를 통해 그의 사상과 학문이 지니는 역사적 의미에 대해서도 살펴볼 것이다.

이 평전을 저술하면서 이지함의 문집인 『토정유고土亭遺稿』와 조선왕조실록, 『연려실기술』 등을 기본 자료로 삼았다. 『대동야승大東野乘』 『택당집澤堂集』 『남명집南冥集』 『화담집花潭集』 『동유사우록東儒師友錄』 『지봉유설芝峰類說』 『북학의北學議』 등 동시대와 후대인들의 문집에 나타난 이지함 관련 자료, 『어우야담』 『해동이적』 『대동기문』 『동패락송』 등 각종 야사류도 많은 참고가 되었다.

필자는 그동안 KBS의 〈역사추리〉나 〈한국사전傳〉, EBS의 〈역사극장〉 등 이지함을 다룬 프로그램의 자문 역할을 해왔다. 그런 일들이 평전을 쓰는 데 많은 도움이 되었음을 밝혀둔다. 아무쪼록 이 평전이 『토정비결』의 저자로만 알려진 이지함을 조선중기 사상사의 중요한 획을 그은 인물로 재평가하는 계기가 되었으면 한다.

2008년의 마지막 달
일감호一鑑湖가 바라다 보이는 연구실에서
신병주

차례

머리말 _ 4

서언 _ 왜 이지함을 주목해야 하는가? _ 12

제1부 16세기 처사의 시대가 열리다

16세기, 이론 논쟁만의 시대인가? _ 19
처사의 시대 _ 22
- 조선왕조실록은 어떻게 만들어졌나? _ 26
- 최악의 필화 사건: 김종직의 「조의제문」과 무오사화 _ 30

숨은 인재의 등용책, 유일遺逸 _ 32

제2부 이지함의 삶과 『토정비결』

문명文名을 떨친 가문에서 나다 _ 45
- 조선시대의 호랑이 _ 53

역모로 처형된 장인, 이정랑 _ 55
현감직을 두 번 맡다 _ 60
『토정비결』, 이지함의 저작인가? _ 64
- 「남사고비결」이란 무엇인가? _ 72

이지함이 기인으로 불리는 까닭은? _ 74

제3부 이지함, 그를 둘러싼 인물들

해안의 유랑자 _ 89

이지함의 스승, 서경덕 _ 93

과단성을 소유한 학자, 조식 _ 100

『석담일기』의 저자, 이이 _ 103

북·서의 유일遺逸들 _ 109

• 수정본 실록의 편찬 _ 112

제4부 이지함의 문인들과 인재론

이지함의 문인 1: '이지함 맨' 조헌 _ 117

이지함의 문인 2: 천민 출신의 제자 서기 _ 124

신분을 뛰어넘어 인재를 꿰뚫어보다 _ 128

• 화담학파와 양명학 _ 133

제5부 독보적인 학풍 형성과 논설

안명세의 옥사를 듣고 처사를 결심하다 _ 139

경敬을 연구하여 실천을 독실히 하다 _ 143

대인의 조건 — 벼슬하지 않는 것보다 더 귀함이 없다 _ 146

벗을 피하고 적은 욕심을 더 적게 하다 _ 151

품기稟氣가 이러하니 어찌 선仙을 배운 것이 아니겠는가? _ 155

『주역』에 심취하다 _ 159

『해동전도록』『해동이적』, 그리고 이지함 _ 165

물아일체론의 소옹과 닮다 _ 173
　　북인계와 뜻을 같이하다 _ 179

제6부 현실을 꿰뚫고 비판하라
　　약으로도 구제할 수 없는 정국 _ 187
　　이윤과 백이의 풍모를 갖추다 _ 193

제7부 조선은 변혁되어야 한다
　　땅과 바다는 백 가지 재용財用의 창고다 _ 201
　　"나라가 있으면 기필코 그 안에 인재가 있습니다" _ 208
　　남자는 대열에서 울고 여자는 감옥에서 웁니다 _ 213
　　민民을 사랑하는 것은 불가불 지극해야 한다 _ 220
　　근본으로 말업을 견제하고 말업으로 근본을 견제하다 _ 226
　　우남명 좌퇴계 _ 230
　　화폐 유통론자 김신국과 말업 중시 사상 _ 238
　　북학 사상의 원조, 이지함 _ 247
　　박제가와 『북학의』, 그리고 이지함 _ 252

글을 마치며 _ 259

부록 _ 264

서언 왜 이지함을 주목해야 하는가?

16세기 중·후반의 조선은 사림파와 훈구파의 대립에서 발생한 사화士禍의 여파로 정치·사상적인 후유증이 컸던 시기이다. 이러한 시대 상황 속에서 출사出仕의 뜻을 포기하고 산림에 은거하며 학문에 전념하는 학자들이 나타났다. 이들은 당대에 은일隱逸·유일遺逸·은사隱士·일사逸士·처사處士 등으로 칭해졌으며, 조선 정부의 적극적인 인재 등용책으로 관직에 임명되기도 했지만 대부분은 지방에서 자신의 학문 이상을 실천하면서 문인들을 양성하는 데 힘썼다.

토정 이지함은 이러한 처사형 학자로 분류될 수 있는 인물이다. 이지함에 대해서는 인물의 역사적인 위상보다도 그의 저술로 알려진 『토정비결』에 관심이 집중되거나, 기인奇人의 풍모 등으로 야사의 단골 소재가 되곤 했다. 또한 『임꺽정』 『토정비결』 등 소설 속의 주요 인물로 등장해 대중에게 친숙하게 다가오는 인물로 묘사되었다.

반면 이러한 친숙성에 비해 그의 구체적인 일대기를 조명하는 글은 매우 드물었다. 물론 그의 학문과 사상에 대한 체계적인 연구도 거의 없는 실정이다. 이지함에 대해 본격적으로 관심을 가진 최초의 학자는 김용덕이다. 그는 이지함의 경제 사상이 북학 사상의 원류가 된다는 점을 강조했으나 짤막한 논문으로만 남겨[1] 아쉬움이 있다. 이외에 사화士禍시대의 성리학자로서 이지함의 생애와 사상을 정리한 강성조의 연구가 있다.[2] 이 논문은 이인異人이나 기인의 측면보다는 사화라는 시대 상황에서 학문과 경륜을 편 학자적 측면에 주목해 이지함을 다뤘다는 점이 주목된다. 윤태현은 이지함의 상소문 분석을 중심으로 그의 사회 개혁 사상의 주요 내용과 그것이 지니는 역사적 의미에 대해 연구했다.[3] 그리고 '남명학파와 화담학파'라는 큰 범주에서 이지함의 학풍과 사회경제 사상이 지니는 의미를 짚은 연구가 있다.[4]

필자는 이지함이 살았던 시대적 배경과 그에 관한 자료들을 조사하면서 그를 기인으로만 치부해버리기에는 너무나 아깝다는 생각이 들었다. 단편적으로 전해지는 그의 행적과 당시의 사회경제 정책을 언급한 몇 편의 글은 역사적으로 매우 의미 있는 자료였다. 마치 퍼즐을 맞추어 나가듯 짧게 전하는 기록들을 모아보니 그의 진면목이 서서히 드러나기 시작했다. 특히 농업 중심의 사회에서 상업이나 수공업 해양자원의 적극적인 개발, 국제무역까지 주장한 그의 혁신적인 사회경제 사상은 조선후기 북학 사상의 원류가 된다는 점에서 그대로 지나칠 수가 없었다.

그의 교유관계 또한 만만찮았다. 16세기를 대표하는 학자 이이·조식·성혼·서경덕 등과 친분이 두터웠을 뿐만 아니라, 당대에 이미 이지함의 학문과 사상에 대하여 여러 상반된 평가가 존재했음을 확인할 수 있었다.

이처럼 그 비중이 결코 적지 않은 인물임에도 불구하고 이지함에 대한 연구는 부진한 실정이다. 그 이유로는 우선 그의 저술이 상대적으로 적다는 점을 들 수 있다. 그러나 무엇보다 조선중기 사상계의 동향을 주자성리학 일색으로만 파악하는 기존의 연구 경향이 이지함과 같은 개성 있는 인물에 대해서 별다른 관심을 갖지 못하게 한 가장 큰 요인이다.

16세기 조선에서는 지방 학자들을 중심으로 주자성리학이 정착되는 한편 다양한 학문과 사상에 대한 모색이 이뤄지고 있었다는 점을 고려하면, 이 시기 사상사를 성리학에만 집중하는 시각은 검토해볼 필요가 있다. 최근 16세기 이후의 사상계를 좀더 폭넓고 다양하게 이해하려는 연구들이 나오고 있는데,[5] 이러한 흐름을 주도한 대표적인 학자로는 남명 조식과 화담 서경덕을 들 수 있다. 남명학파와 화담학파의 학자들은 조선중기 사상계의 큰 흐름을 형성했다. 이지함은 서경덕의 문인으로 분류할 수 있는 학자로서, 학문의 다양성과 개방성을 추구한 대표적인 인물로 여겨진다.[6]

남명학파와 화담학파에 속하는 학자들의 구체적인 학문과 사상을 살펴보면, 당시 조선사회는 기존에 인식된 것보다 훨씬 다양한 학문과 사상이 공존했던 시대임을 알 수 있다. 이 평전은 바로 그런 점을 본격적으로 제기하고자 하는 문제의식에서 출발했으며, 그 대표 주자로 이지함을 내세웠다. 이지함은 16세기의 개방적이고 다양한 학문 경향을 보여주는 핵심적 인물이며, 특히 적극적인 국부國富 증진책을 제시한 그의 사상은 역사적으로 큰 의미가 있다고 판단했기 때문이다. 우리는 서양의 경제학자 애덤 스미스가 쓴 『국부론』은 잘 알고 있으면서, 막상 우리 선조인 이지함이 애덤 스미스보다 훨씬 이른 시기에 그러한 사상을 제시했던 사실에는 별다른 관심이 없었다. 애덤 스미스보다 앞선 시기에 적극적인 국부론을 주장하고 실천한 학자 이지함, 그것 하나만으로도 이지함은 재평가되어야 할 인물이다.

여태까지의 이지함은 『토정비결』의 저자이며, 기이한 행적의 인물이었다. 그러나 이 평전에서도 언급하다시피 『토정비결』은 이지함의 저작일 가능성이 아주 낮다. 19세기 이후 『토정비결』과 같이 많은 사람이 즐겨 찾는 책에 '토정'이라는 브랜드가 씌워진 것은 그가 그만큼 대중 친화적 인물이었기 때문이다. 물론 『토정비결』에는 그의 인생행로와 사상이 일부 반영돼 있기도 하다. 그 책에 이지함의 이름을 가탁假託*한 것은 그만큼 이지함이 조선시대 대중의 슈퍼스타였음을 반증하고 있다. 그리고 새해마다 꼭 등장하는 『토정비결』로 말미암아, 이지함은 지금까지도 그 명성을 이어가고 있다.

* 빌려서 씀.

이지함의 인생역정 중에서도 특히 신분에 구애받지 않고 민중 속으로 들어가 백성들이 겪는 삶의 문제를 해결하려고 노력한 부분은 오늘날에도 큰 감동을 준다. 이지함이 과거 역사 속 인물이 아니라 사회 지도층의 도덕적 책무(노블레스 오블리주)가 요구되는 현재의 인물로 거듭 태어나야 하는 까닭이기도 하다.

이 평전은 사회경제 정책을 제시한 현실 개혁가의 모습으로 16세기를 치열하게 살다 간 현실 속의 이지함을 재발견해내는 데 초점을 두었다. 더불어 그와 교유를 맺었던 지식인들도 이 평전의 주요 인물로 등장한다. 평전의 관점은 16세기 조선이 성리학의 이념을 심화시켜가면서도 사화라는 정치적 충격에 대해 지식인들이 사상적으로 대응한 점을 포착해나가고 있다.

아울러 이지함이 주자성리학뿐만 아니라 노장 사상과 천문·지리·병법 등에 관심을 가졌던 점과 농업 중심의 사회에서 말업末業으로 천시되었던 상업이나 어업·수공업에 대해 적극적 관심을 표명하면서 이들을 육성하기 위한 정책들을 펼친 점을 역사적 맥락에서 검토해볼 것이다.

이러한 시도가 이지함 개인에 대한 이해에서 나아가 16세기 사상계의 흐름을 폭넓게 이해할 수 있는 기반을 마련하는 데 도움이 되었으면 한다. 21세기, 이 시대에 다시 이지함을 주목하는 까닭은 조선중기를 살아갔던 지식인들의 역동적인 움직임을 현대의 세계로 이끌어내 보고자 함이다.

제1부
16세기 처사의 시대가 열리다

16세기, 이론 논쟁만의 시대인가?

한 시대의 사상은 그 시대가 속에 감추고 있는 모순을 들춰내 비판하고 저항하며 올바른 방향을 제시해줄 때 역사적 의미를 지닌다. 16세 조선은 새로운 사회 세력으로 성장한 사림이 주류로 떠오른 시기였다. 이들은 새로운 국가 이념으로 정착된 성리학을 지방에까지 구현하려 했다. 사림들이 이루려 했던 변혁 과제는 성리학을 무기로 하여 그와 불화하는 기존 세력의 모순을 극복하고, 시대에 조응하는 학문 풍토를 조성하는 것이었다.

이때 조선에서는 사림파와 훈구파가 대립해 사화士禍가 일어났다. 사화로 인해 사림들이 화를 입는 가운데서도 조선의 지도 이념으로 정착된 성리학은 지방으로 뻗어나가고 있었다. 그러나 이 시기 조선은 사상의 다양성이 드러난 시대이기도 했다. 학자들은 성리학에 대해 저마다 상반된 이해를 나타냈고, 그 외의 다양한 학문과 사상에 관심을 기울이는 인물들이 등장하기 시작했다.

바로 이런 시대 상황에서 이지함이 태어났다. 일반적으로 조선의 16세기라 하면 이황이나 이이에 대한 상식 정도를 지니고 있을 뿐이다. 혹은 교과서에 자주 등장했던 이기일원론·사단칠정론을 떠올리는 등, 사상 논쟁을 통해 '이론 논쟁의 시대'로만 이해하는 이들이 대부분이다. 그러나 이런 관점은 이때 출현한 다양한 인물군과 그들이 지니고 있던 사상적 역동성을 잃어버리게 할 수 있다. 조식이나 이지함 같은 이들은 다양한 학문과 사상에 관심을 가져 이를 기반으로 민생의 현실 문제를 해결하는 데 주력했다. 필자가 이 평전을 쓰는 이유 중 하나도 16세기 조선을 역동적인 관점에서 재조명해보려는 의욕 때문이다.

지방에 은거하면서 학문을 닦고 문인 양성에 힘쓰는 학자들을 빼놓고 이 시기를 논할 수 없는데, 이들 중 처신과 학문적 능력으로 명망을 떨쳤던 인물들은 '유일遺逸'이라 하여 중앙 정부의 천거를 받았다. 특히 16세기에 막 들어서면서 터졌던 사화라는 시대적 조건은 지역을 막론하고 은거 학자들을 양성시키는 한 가지 원인이 되었다. 이들은 '처사處士' '일사逸士' '은일隱逸' '거사居士' '징사徵士' 등으로 불렸으며, 그들 스스로는 '처사'로 지칭되는 것을 큰 영예로 여겼다. 조식이 72세의 나이로 죽음을 맞이했을 때에 제자 김우옹이 "묘비명에 어떻게 쓸까요?"라고 묻자, 그가 "처사라 쓰는 것이 좋겠다"라고 당부한 대목을 보면 이러한 분위기를 짐작할 수 있다. 그러나 이들 처사형 학자 가운데에도 특히 현실 정치에 일정한 관심을 갖고 시대를 바꾸려 했던 이들이 있었다. 이지함 역시 처사의 위치에 있었지만, 적극적인 개혁책으로 세상을 변화시키고자 한 학자였다.

처사의 시대

처사의 삶을 살다 갔지만, 이지함은 현실에 은둔하면서 세상을 잊은 것이 아니라 오히려 현실을 한 발짝 비껴가면서 자신의 이상을 구현하려 했다. 사화라는 여건이 은거하도록 내몰았지만, 그는 결코 눈앞의 현실을 외면하지 않았고 백성들과 적극적으로 맞부딪치면서 자신의 실천의지를 관철시켜 나갔다.

당시 조식·서경덕 등 처사형 학자들이 정상적인 관료의 길을 포기하고 현실 비판자로 남았던 것은 사화라는 부정적인 정치 환경 속에서 관직생활을 하는 것보다는, 객관적이고 공정한 입장에서 현실을 바라보고 모순을 지적해주는 역할을 하는 것이 바로 학자의 길이자 선비의 길임을 인식했기 때문이다. 50여 년간 서로 탄핵하고 죽였던 사화라는 정치적 환경은 사림사회에서 출사를 부정적으로 인식하도록 해 거부하는 기풍을 조성했다. 학자 층의 범위가 넓지 않았던 그 시대, 사화는 친척, 형제, 동료를 죽음으로 몰아넣었고, 이러한 현실에 지식인 그룹인 사림들은 좌절할 수밖에 없었다. 사화의 참혹함은 능력 있는 인재들을 지방으로 낙향하게 하는 주요 요인이었다. 이러한 내용은 선조시대에 조헌趙憲(1544~1592)이 올린 상소문에 잘 나타나 있다.

오직 사화士禍가 혹심하였기 때문에 기미를 아는 선비들은 모두 출처에 근신하였습니다. 성수침成守琛은 기묘己卯의 난을 알고 성시城市에 은거하였고, 성운成運은 형이 희생되는 슬픔을 당하고 보은에 은거하였습니다. 이황李滉은 형제가 화를 입은 것을 상심하여 예안禮安으로 물러났고, 임억령林億齡은 아우 임백령林百齡이 어진 이를 해치는 것을 보고 외지에 들어갔습니다. 서경덕徐敬德 같은 사람은 화담花潭에 은둔하였고, 김인후金麟厚는 관직에 오르는 뜻을 포기하였습니다. 조식曺植과 이항李恒이 바닷가에 정착한 것은 을사년의 화가 컸기 때문입니다. 정지운鄭之雲은 김안국金安國에게 학문을 배웠는데 스승이 큰 죄망에 빠진 것을 보고 이름을 숨기며 술로 세월을 보냈으며, 성제원成悌元은 송인수宋麟壽의 변을 목격하고 해학으로 일생을 보전했습니다. 이지함은 안명세安名世의 처형을 보고 해도海島를 돌아다니면서 미치광이로 세상을 피했습니다. 이들은 모두 조정의 큰 그릇들이고 세상을 구제할 재목들이었으나, 기러기가 높이 날아 주살을 피하듯이 세상을 버리고 산골짜기에서 늙어 죽었습니다.[1]

16세기 전반을 대표하는 학자였던 성수침·성운·이황·임백령·서경덕·김인후·조식·이항·정지운·성제원·이지함 등이 사화의 여파로 지방에 은거한 대표적인 사림임을 보여주는 상소문이다. 사화에 직접 희생된 이도 있었고, 형제나 스승, 벗들이 피해를 입은 경우도 있었다.

이지함에 대해서는 안명세의 옥사에 충격을 받고 여러 섬지역을 두루 돌아다녔다고 기록되어 있다. 이지함을 충격 속으로 몰아넣은 안명세 옥사 사건의 전말을 따라가 본다.

안명세(1518~1548)는 1544년 문과에 급제한 후 승문원 가주서*를 거쳐 사관의 직책인 예문관 검열이 되었다. 1545년 정순붕·이기 등이 을사사화를 일으켜 사림파를 제거하자 그는 이를 비판하는 시정기時政記를 작성했다. 1548년 이기 등이 자신들의 행위를 정당화하기 위해『무정보감武定寶鑑』을 편찬했는데, 이때 을사년 당시 안명세와 함께 사관으로 있었던 한지원韓智源이 시정기의 내용을 이기·정순붕 등 당시의 실권자들에게 밀고함으로써 체포되어 국문을 당했다. 문제가 된 내용은 인종의 장례식 전에 윤임尹任 등 3대신을 처형한 것은 국가의 불행이라는 것과, 이기 등이 무고한 선비들을 대거 처형한 사실, 을사사화를 지지하거나 반대한 선비들의 명단 등이었다.

시정기란 조선시대 각 관청에서 그날그날의 일어난 일을 업무 일지

---

* 승정원의 일기를 기록·정리하는 일을 담당.

형식으로 정리한 자료로서, 『승정원일기』『관상감일기』『비변사등록』 『내의원일기』 등이 이에 속한다. 사관이 입시入侍하여 왕의 동정을 기록하는 사초史草와 함께 조선왕조실록의 주요 저본으로 활용되었다. 안명세의 경우 사관의 직책에 있었던 만큼 사초도 작성했을 것이나, 문제가 된 것이 시정기였다는 점을 볼 때 필화 사건을 일으킨 주된 원인은 안명세가 예문관의 관원으로서 기록한 글이었을 듯하다.

   안명세는 국문을 당하면서도 사관으로서 지조를 잃지 않았고, 이기와 정순붕 등의 죄악을 당당하게 피력했다. 1567년 선조 즉위 이후 사림정치가 행해지면서 신원伸冤되었고 관직도 다시 돌려받았다. 안명세의 절친한 친구였던 만큼 이지함에게는 부당한 권력에 대항하다 맞이한 그의 요절이 큰 충격으로 다가올 수밖에 없었다.

조선왕조실록은 어떻게 만들어졌나?

이지함을 낙향으로 몰아넣은 친구 안명세 사건은 시정기가 발단이었다. 시정기는 사초와 함께 조선왕조실록 편찬의 주요한 자료였다. 이와 관련하여 실록의 편찬 과정을 구체적으로 알아볼 필요가 있다.

조선왕조실록은 역대 국왕의 사후에 전 왕대의 실록이 편찬되는 방식을 취했다. 국왕이 사망하면 임시로 실록청을 설치했고, 여기서 영의정 이하 주요 관리들이 영사領事·감사監事·수찬관·편수관·기사관 등의 직책을 맡아 실록 편찬을 공정하게 집행했다. 실록청에서는 사관들이 작성한 사초史草와 시정기 등을 광범위하게 수집해 실록의 편찬에 착수했다. 시정기는 서울과 지방의 각 관청에서 시행한 업무들을 문서로 보고받아 춘추관에서 그중 중요 사항을 기록하여 남긴 것으로, 『관상감일기』『춘추관일기』등이 여기에 해당한다. 시정기는 매년 책으로 편집해 국왕에게 보고됐으며, 보관된 시정기는 실록의 주요 자료로 활용되었다.

조선시대 대부분의 책은 편찬이 완료되면 국왕에게 바쳐졌지만 조선왕조실록만큼은 예외였다. 편찬의 완성만을 총재관이 보고했고, 춘추관에서 봉안 의식을 가진 후 이곳과 지방의 사고에 보관했다. 왕의 열람을 허용할 경우 실록 편찬을 맡은 사관의 독립성을 보장받지 못해 사실史實이 왜곡될 우려가 있기 때문이었다.

역사를 기록하는 임무를 맡은 사람은 사관史官이라 칭했다. 좁은 의미의

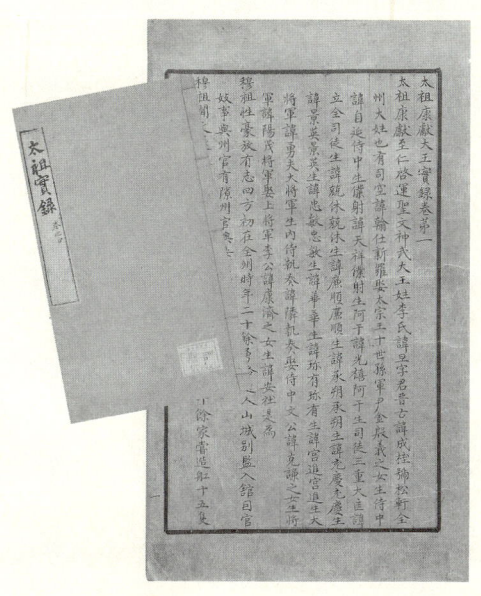

사관은 예문관의 전임 관원인 봉교奉敎 2명, 대교待敎 2명, 검열檢閱 4명으로서 이들을 '한림翰林'이라 불렀다. 한림 8원은 춘추관 기사관으로 사관이 되어 입시, 숙직, 사초와 시정기의 작성, 실록 편찬, 실록 보관을 위한 포쇄 暴曬* 등의 임무를 수행했다. 이들에게 맡겨진 임무 중 무엇보다 중요한 것은 국왕의 동정을 지켜보고 모든 국가 회의에 참여해 자신이 보고 들은 내용을 기록, 즉 사초로 남기는 것이었다.

사초는 크게 입시사초入侍史草와 가장사초家藏史草로 구분되었다. 입시사초란 예문관의 전임專任 사관史官이 정사가 이루어지는 장소에 입시해 기록

* 실록을 병충해나 습기로부터 보호하기 위해 바람에 말리는 일. 대개 3년에 한 번씩 포쇄 작업이 이루어졌다.

사초를 세척하던 차일암. 널찍한 바위 위에서 물에 씻은 종이를 말리곤 했다.

한 것을 말하며, 가장사초란 사관이 퇴궐한 후 집에서 견문한 내용을 재정리한 것으로 인물에 대한 평가가 수록된 것이 특징이다. 실록에 '사신왈史臣曰' 등으로 표기된 부분은 대개 가장사초의 내용을 발췌한 것이다. 가장사초는 사적으로 집에 보관하고 있다가 실록청에 납입해 편찬에 활용했다. 사초는 원래 공개할 수 없는 것이었으나, 간혹 가장사초가 집안에 보관된 경우가 있었다. 1987년 인조대 사관이었던 정태제의 무덤을 이장할 때 몇 권의 책과 함께 그가 기록한 가장사초가 발견되어 화제가 된 적이 있다.

사초는 사관이 국가의 모든 회의에 참여해 보고 들은 내용과 자신의 논평까지 그대로 기록한 것이라 역사적 사실과 더불어 당대 사관들의 역사 인식까지 담겨 있다. 또한 사초는 사관 외에는 국왕조차 마음대로 볼 수 없게 하여 사관의 신분을 보장했고 자료의 공정성과 객관성에 만전을 기했다.

사초는 사관들이 일차로 작성한 초초初草와 이를 다시 교정하고 정리한 중초中草, 실록에 최종적으로 수록하는 정초正草의 세 단계 수정 작업을 거쳐 완성했다. 초초와 중초의 사초는 물에 씻어 그 내용을 모두 없앴으며, 물에 씻은 종이는 재활용되었다. 이러한 작업을 세초라 하였으며, 조선시대에 사초를 주로 세척하던 장소가 세검정 일대의 개천이었다. 차일암遮日巖이라 불린 널찍한 바위에서는 물에 씻은 종이를 말렸으며, 말린 종이는 조지서造紙署에서 새로운 종이로 재활용되었다. 세초를 했던 개천과 조지서의 모습은 조선시대 지도에도 선명히 표시되어 있다. 세초를 마치면 이를 축하하는 행사인 세초연洗草宴이 왕의 주관하에 베풀어졌다. 그만큼 실록 편찬의 의미는 컸던 것이다.

최악의 필화 사건
김종직의 「조의제문」과 무오사화

　사림파의 영수 김종직의 제자로서 사관으로 있던 김일손이 사초에 스승 김종직이 쓴 「조의제문弔義帝文」을 기록했다는 정보가 입수됐다. 「조의제문」은 중국 초나라의 패왕 항우가 어린 조카 의제를 죽이고 왕위에 오른 사실을 비판한 내용이지만, 실제로는 항우를 수양대군에, 의제를 단종에 비유하여 세조의 불법적인 왕위 찬탈을 겨냥한 글이었다. 세조를 도운 공으로 성종대까지 기득권을 형성하고 있던 훈구파들은 김종직의 글에 불충의 뜻이 있다고 공격하면서 글을 쓴 당사자 김일손을 위시해 사림파들을 몰아붙였다. 그중에서도 평소 사림의 공격을 받아 수세에 몰려 있던 이극돈·유자광 등의 훈구파가 앞장섰다. 유자광이 사화의 주모자가 된 데에는 김종직과의 악연도 크게 작용했다. 김종직은 함양군수 시절 관내에 유자광이 쓴 친필 현판이 있음을 발견하고 대번에 불태워버리도록 지시했다. 예종 때 무고誣告로 옥사를 일으켜 남이와 같은 기개가 있는 장군을 제거한 유자광을 김종직은 간신의 전형으로 인식했기 때문이었다.
　마침 경연이나 언론활동 등을 통해 자신을 은근히 비판하는 사림파를 귀찮은 존재로 인식하면서 이들을 쳐낼 구실을 찾고 있던 연산군도 쉽게 훈구파의 손을 들어주었다. 연산군은 즉시 사초 사건에 연루된 김일손을 비롯해 권오복·권경유 등을 능지처참하고, 표연말·정여창·최부·김굉필 등 김종직의 제자들을 대거 유배시켰다. 이미 사망한 김종직에 대해서는 무덤

점필재 김종직 생가. 1498년(연산군 4) 생전에 지은 조의제문을 사관이 사초에 적어넣은 것이 불씨가 되어 무오사화가 일어났다. 이미 죽었던 그는 부관참시를 당하고 문집은 모두 소각됐는데, 중종 즉위 후 죄가 풀려 숙종 때 영의정에 추증되었다.

의 관을 꺼내 다시 처형하는 최악의 형벌인 부관참시剖棺斬屍를 가했다. 이것이 1498년에 일어난 무오사화로서 김종직 이하 영남 사림파의 몰락을 가져왔다. 이후 유자광은 김종직의 문집과 친필 현판들을 찾아 남김없이 없애버렸으니, 개인적으로는 20년 전에 당했던 모욕을 철저한 복수로 앙갚음한 셈이다.

이지함을 낙향의 길로 들어서게 만든 안명세 사건 또한 대표적인 필화 사건으로 볼 수 있다.

숨은 인재의 등용책, 유일遺逸

재야에 묻혀 있는 인재를 찾아내 국가에 필요한 재목으로 키워나간 것은 조선이라는 국가가 이뤄냈던 탁월한 일 중 하나였다. 건국 초부터 조선에는 개국에 반대하고 은거의 삶을 선택한 학자들이 존재했다. 수양대군의 집권과 단종복위운동, 사화 등의 정치적 변동을 겪으면서 지방을 중심으로 현실 비판적인 학자층이 형성되기 시작했다. 이들은 소위 '사림'으로 불리면서 향촌사회를 중심으로 세력을 형성했다. 조정 입장에서 이들은 숨어 있는 인재였다. 유일이란 '유일지사遺逸之士' '산림유일지사山林遺逸之士' 등을 줄인 말로, 뛰어난 학문과 덕행을 지니고 있으면서 초야에 은거하고 있는 미입사자未入仕者를 뜻했으며, 은일隱逸 또는 일민逸民이라고도 일컬어졌다.

조정에서는 건국 초부터 유일이란 형태로 묻혀 있는 인재들을 발탁해 이들의 학문적 재질을 국정에 반영하려 했다. 조선초기의 학자 정도전의 『조선경국전』은 유일의 등용에 대해 다음과 같이 기록하고 있다.

> 선비로서 초야에 묻혀 있는 사람들 중에는 혹 도덕을 지니고 있으면서도 세상에 알려지지 않거나, 혹은 재능을 품고 있으면서 발탁되지 못한 사람도 있다. 진실로 위에 있는 사람이 정성스럽게 구하고 근면하게 찾지 않으면 그들을 나오게 하여 등용할 수 없다. 그러므로 후한 예로 부르고 높은 관작으로 대접하는 것이니 옛날의 현명한 왕들이 지치至治를 일으킨 것도 이러한 까닭이다. 전하는 즉위 초에 유사有司에 명하기를 '경명행수經明行修(유교경전에 밝고 행실이 뛰어난 사람)와 도덕을 겸비하여 가히 스승의 모범이 될 만한 사람, 식견이 시무에 능통하고 재주가 경제에 맞아서 가히 일에 공을 베풀 사람, 문사文辭에 익숙하고 필찰筆札이 정교하여 문한文翰의 직임에 합당한 사람, 법률과 산학算學에 정밀하고 이치吏治에 통달하여 백성을 다스리는 일에 합당한 사람, 지모나 도략韜略이 깊고 용기가 삼군에 가히 장수가 될 만한 사람, 사어射御(활쏘기와 말타기)에 능숙하고 돌멩이를 던지는 일에 솜씨가 있어 군무軍務를 담당할 만한 사람, 그리고 천문·지리·복서卜筮·의약 중 혹 한 가지 재주를 가진 사람을 자세히 찾아서 조정에 보내라' 하였으니, 이것으로써 어진 이를 사랑하는 전하의 아름다운 뜻을 볼 수 있습니다.[2]

위의 기록에서 특히 유일을 문무의 재주를 가진 사람, 각종 기술을 가진 사람, 천문·지리 등에 해박한 사람 등 다양한 능력을 갖춘 인물로 지칭한 것이 주목된다. 16세기 이후에는 경명행수經明行修를 겸비한 것을 유일 등용의 주요 기준으로 삼았고,³ 충효가 천거를 하는 데 중요한 사유가 되는 등 성리학의 이념이 자리잡아가는 모습을 보이기도 했다.⁴ 이처럼 시기에 따라 유일 등용의 기준이 조금씩 변하기도 했지만, 인재들을 발탁하려는 정신은 『조선경국전』에서 명문화된 이래 조선 전 시기를 걸쳐 관통하고 있었다.

중종대에는 조광조 일파가 국정을 주도할 당시 자파 세력을 정치권에 끌어들이기 위하여 천거 제도를 널리 실시했다. 기묘사화 이후 조광조 일파가 실각하면서 조정의 천거 논의는 잠시 주춤거리기도 했지만, 중종대 후반에 이르러 이 제도는 다시 활성화된다. 중종 35년에는 동반 3품 이상, 서반 2품 이상의 관원들에게 명하여 전국에 존재하는 유일의 선비를 천거할 것을 명했으며,⁵ 명종이 즉위한 후에도 중종대에 실시한 현량과의 복설復設과 유일 등용의 시책을 적극 계승하였다.⁶

조선의 조정은 이조나 관찰사 등으로 하여금 유일의 인재를 수시로 보고하도록 했으며, 유일로 천거받은 학자는 한 번에 그치지 않고 출사하지 않을 경우 계속해서 천거를 받았다. 그만큼 인재 등용에 대한 지속적인 노력이 펼쳐졌다. 유일이 천거될 당시 평균 연령은 50세로 아주 높았는데, 이는 이들이 학자로서의 업적과 명성을 크게 쌓은 후에 천거되었기 때문으로 여겨진다.

각 지방에 은거하고 있는 인재를 발탁하는 데에는 지방 관찰사의 임

선비로서 초야에 은밀하게 숨어 있는 학자들은 조선중기에 적극적으로 찾아내야 할 인재 대상이었다. 문사, 법률, 산학, 천문, 지리, 의약 등 재주가 능통한 이들이 대거 은일을 자처했기 때문이다. 정선, 〈여산초당〉, 견본채색, 68.7×125.5cm, 간송미술관 소장.

무가 컸다. 아래의 기록은 조정에서 관찰사를 통해 유일을 보고받은 것이다.

> 이조가 아뢰기를 팔도로 하여금 유일을 찾아서 보고하게 했었는데, 경상·청홍·경기는 이미 도착하였고 다른 도의 계본啓本은 아직 오지 않았습니다. 우리나라는 작아서 만일 쓸 만한 사람이라면 환히 알 수 있으니, 오늘 서계書啓를 올린 사람을 우선 등용하십시오.

명종대의 경연관 심연원沈連源은 '요사이 유일을 빠짐없이 등용하였으니 훌륭한 일이라 할 만하며, 크게 사책史冊에 빛날 것입니다'라고 하여 조정의 등용 정책을 높이 평가했다. 사실 유일 등용이 활성화된 데에는 처사형 학자들이 과거 제도에 대해 부정적인 인식을 갖고 있었던 탓도 컸다. 16세기의 대표적 처사형 학자인 서경덕·조식 등은 소과에는 합격했으나 대과인 문과에는 응시하지 않았고, 조식은 자신의 문장이 과문科文에 맞지 않는다는 점을 스스로 인정하기도 했다. 이지함 역시 과거에는 뜻을 품지 않고 전국을 유랑하면서 백성들을 직접 만나 자신이 구상한 이상을 실천하는 데 주력했다.

그렇지만 과거에 응시하지 않는다고 하여 조정에서 뛰어난 인재들을 전적으로 외면하지는 않았다. 중종대부터 활발히 전개된 유일 등용 정책이 명종·선조연간에 이르면서 완전히 자리를 잡아간 것은 국가의 의지가 강했기 때문이다. 아래의 표는 명종·선조대에 유일로 천거된 사람들로 이지함과 조식이 포함되어 있다. 각 인물의 면모를 보면 처사형 학자의 대표격이라 할 수 있다. 이들의 학통을 살펴보면 조선 중기 북인北人의 중추를 이루게 될 조식·서경덕과 학문적인 정을 서로 나누었던 인물들이란 점이 주목할 만하다. 조식은 성수침·이희안·이항·성운 등과 교유했으며, 그의 문인인 최영경·정인홍 등이 유일로 천거를 받았고, 이지함은 서경덕의 대표적인 제자였다.

[표 1] 명종대 유일로 천거된 주요 인물

이름	생몰연대	호	본관	주요 근거지	피천연대	학통·교유관계
성수침成守琛	1493~1564	청송聽松	창녕	파주	1552	조광조 문인, 조식 종유
이희안李希顏	1504~1599	황강黃江	합천	초계草溪	1552	조식 종유
조욱趙昱	1498~1557	우암愚菴	평양	지평砥平·삭녕朔寧	1552	조광조 문인
조식曺植	1501~1572	남명南冥	창녕	진주	1552	
성제원成悌元	1506~1599	동주東洲	창녕	공주·보은	1552	류우 문인
성수종成守琮	1495~1553	절효節孝	창녕	파주	1552	조광조 문인, 조식 종유
이항李恒	1499~1576	일재一齋	성주	서울·태인泰仁	1566	박영 문인, 조식 종유
한수韓修	1514~1588	석봉石峰	청주	서울	1566	
남언경南彦經	1529~1594	동강東岡	의령	서울·양근楊根	1566	서경덕 문인
임훈林薰	1500~1584	갈천葛川	은진	산음山陰	1566	조식 종유
성운成運	1497~1579	대곡大谷	창녕	보은報恩	1566	조식 종유
김범金範	1512~1566	후계后溪	상주	상주尙州	1566	

[표 2] 선조대에 유일로 천거된 주요 인물

이름	생몰연대	호	본관	주요 근거지	피천연대	학통·교유관계
성혼成渾	1535~1598	우계牛溪	창녕	파주	1568	성수침의 자
배신裵紳	1520~1573	낙천洛川	성주	현풍	1571	조식·이황 문인
홍가신洪可臣	1541~1615	만전당晚全堂	남양		1571, 1573	서경덕 문인
정렴鄭磏	1506~1549	북창北窓	온양	과천·양주	?	
조목趙穆	1524~1606	월천月川	횡성		1573	이황 문인
이지함李之菡	1517~1578	토정土亭	한산	보령·서울	1573	서경덕 문인
정인홍鄭仁弘	1535~1623	내암來庵	서산	합천	1573	조식 문인
최영경崔永慶	1529~1590	수우당守愚堂	화순	서울·진주	1573	조식 문인
김천일金千鎰	1537~1593	건재健齋	언양	나주	1573	이항 문인
기대정奇大鼎					1573	
류몽학柳夢鶴			문화			
유몽정柳夢井	1529~1620	학곡鶴谷	문화		1573	
김부필金富弼	?~1578	후조당後凋堂	문화	광산	1573	
정구鄭逑	1543~1620	한강寒岡	청주	성주	1573	조식·이황 문인
하항河沆	1538~1590	각재覺齋	진주	진주	1578	조식 문인
우복룡禹伏龍	1547~1613	구암懼庵	단양		1582	
정개청鄭介淸	1529~1590	곤재困齋	고성	무안	1587	서경덕 문인
김응협琴應夾	1526~1586	일휴당日休堂	봉화		1587	
신응구申應榘	1553~1623	만퇴헌晚退軒	고령		1587	
장현광張顯光	1554~1637	여헌旅軒	인동		1587	이황 문인

* 위 표는 『명종실록』 『선조실록』 『선조수정실록』 『연려실기술』 『국조인물고』 『한국인명자호사전』 『규장각 소장 문집 해설』 『조선시대 천거제도 연구』 등을 참조하여 작성했다.

명종·선조연간에 활성화된 유일 등용이 전국의 인재를 발탁하는 데 큰 효과가 있었음은 광해군대의 다음 기록에서 확인된다.

> 둘째, 인재를 등용하는 것입니다…… 선대 임금들 시기부터 숨어 있는 사람들을 찾아내어 등용하는 조치가 있었고, 선대 임금이 정사를 볼 때에도 경전에 밝고 수양을 쌓은 사람에 대해서는 순서를 뛰어넘어 등용한다는 조목과 재주가 고을 수령을 감당할 만해야 한다는 등의 조목을 설정하며, 인재를 모두 등용하는 방도에 힘을 써서 당대에 수많은 인재들이 배출되었으니 어찌 선인善人이 나라를 다스리는 방도가 아니겠습니까.[7]

16세기 정치적 화를 피해 지방으로 떠났던 인재들은 새로운 시대를 대비하는 두뇌 집단이었다. 이들 학자 때문에 조정의 유일 등용 폭은 넓어질 수 있었고, 이들은 자기 나름대로 지방에서 명망을 쌓아갈 수 있었다. 특히 등용된 학자들끼리는 서로 간에 우의를 다져 공감대를 형성했고, 각자 지역에 돌아가 편지를 교환하며 유대관계를 형성해나갔다.

이들은 명산대천을 유람하면서 호연지기를 기르고,[8] 뜻이 맞는 다른 학자들과 만나면서 서로 의기를 투합하기도 했다. 이들은 관직에 얽매이지 않는 신분이었던 만큼 산천을 유람할 기회가 많았다. 이 유람은 동료·문인들뿐만 아니라 노비 등 식솔들이 수행했으며, 각 지역의 유지들에게도 큰 대접을 받았다.[9] 조식이 지리산을 유람할 때에는 호남의 관리들이 일행에게 음식을 접대했다는 기사를 볼 수 있는데, 그만큼 지방에서 이들의 위상은 높았다. 처사 학자들은 지역을 넘어 서로 뜻이 맞으면 만나 학문을 교유하고 현실 정치의 문제점을 토론하는 과정에서 학연과 지연을 넓혀갈 수 있었던 것이다.

서경덕과 조식·이지함 등이 만났던 것은 『연려실기술』과 성제원의 문집인 『동주집』에서 확인할 수 있다.

> 성운成運이 속리산에 은거하면서 거문고와 책으로 스스로 즐겼다. 조식이 일찍이 찾아왔는데 공公(성제원)이 마침 자리에 있었다. 조식과 공은 비록 초면이었으나 친함이 옛 친구와 같았고 서경덕·이지함이 또한 동행해 와서 함께 수일을 즐겼다.[10] 조식이 장차 떠나려 하니 공이 미리 전별하는 자리를 중로中路에 베풀고 홀로 따라가 전송하니 손을 잡고 눈물을 흘리며 말하기를 '그대와 내가 중년으로 각기 다른 지방에 있으니 다시 보기를 어찌 기약하겠는가' 하였다. 이준경이 이를 듣고 탄식하기를 '당시에 응당 덕성德星이 하늘에서 움직였다'고 하였다. 얼마 후에 공이 죽었다.[11]

『연려실기술』에 나온 성제원에 관한 기록이다. 서로 멀리 떨어져 있던 서경덕과 조식·이지함 등은 성운과 성제원을 매개로 하여 보은에서 만남의 자리를 갖고 여러 날을 함께 즐겼다. 『동주집』에도 성제원이 보은현감으로 있을 때 서경덕과 조식·이지함이 먼 곳에서 와서 밤새도록 대화를 나누었음을 기록하고 있으며,[12] 『화담집』의 「유사」에

도 송시열의 문집을 전거로 하여 이들의 만남을 기록해놓고 있다.[13]

당시 보은현감으로 조식·서경덕·이지함 등의 만남을 주선했던 성제원 역시 처사형 학자로서의 면모를 갖추고 있었다. 성제원은 김굉필의 학통을 계승한 류우(柳藕)의 문인으로, 류우는 '천문·복서·율려·산수(算數)·서화에 각각 그 묘를 얻었다'는 평가를 받았던 인물이다.[14] 성제원의 「사우록」에는 서경덕·성수침·성효원·성운·송인수·조식·정렴·이지함·이중호·정유길·서기 등 주로 처 사상을 견지한 인물이 기록되어 있다.[15] 성제원은 북송대에 처사형 학자의 입지를 지킨 소옹의 학문을 한다는 평가를 받았던 만큼 처사형 학자로서의 그의 입지는 뚜렷하다.[16] 이지함은 소옹과 유사한 행적을 보였다는 평가를 받았는데, 소옹은 도가적 성향이 강한 학자였다. 북송대 성리학자들과 이지함·성제원 같은 처사형 학자들과의 연결 고리는 주자성리학만이 지배 이념이 아니었던 시대 상황을 반영하는 것으로, 조선중기 사상사를 보다 폭넓게 이해하는 데 중요한 관건이 된다.

처사형 학자들은 무엇보다 이들을 등용하려 했던 국가의 적극적인 의지가 뒷받침되었던 데에 힘을 입었다. 쇄신을 일으키기 위해 조선 정부는 학문적 재질과 향촌사회의 영향력을 갖고 있는 처사 학자들을 필요로 했으며, 학자들은 소신껏 자신이 의견을 밝혔다. 선조대에 유일로 등용된 이지함, 그 역시 숨어 있는 인재를 찾아내 국가 정책에 적극 활용하려 한 조선의 의지로 되살아날 수 있었다.

제2부

이지함의 삶과 『토정비결』

문명文名을 떨친 가문에서 나다

이지함의 자는 형백馨伯, 호는 토정土亭 혹은 수선水仙이다. 토정이라는 호가 '마포 강변에 지은 흙으로 만든 정자', 수선이 말 그대로 '물의 신선'이라는 점을 받아들인다면 그와 물의 인연은 떼려야 뗄 수 없을 것이다. 본관은 한산韓山이다. 한산 이씨는 고려 말의 성리학자 가정稼亭 이곡李穀(1298~1351)과 목은牧隱 이색李穡(1328~1396)을 배출한 명문가로, 이색은 이지함의 7대조가 된다.[1]

이곡은 이색의 아버지로 원나라에 들어가 1332년(충숙왕 복위 1) 정동성 향시에 수석으로 합격했다. 1334년 고려로 돌아와 정당문학 등의 벼슬을 지냈으며, 유학의 진흥에도 공헌하였다. 그의 저술 『죽부인전』은 대나무를 의인화한 작품으로 가전체 문학의 대표작으로 꼽힌다.

이색은 고려 말과 조선 초에 걸쳐 문명文名을 떨친 인물이다. 그는 13

여말선초 문명을 떨쳤던 목은 이색이 이지함의 7대 조였다. 삼은三隱의 한 사람으로서 그는 정방을 폐지하고 삼년상을 제도화했다. 김구용·정몽주 등과 성리학 발전에 공헌했다. 김명국, 〈누산영당본〉, 비단에 채색, 143×85.2㎝, 1654년, 한산이씨 대종회, 보물 제1215호.

세에 성균관 시험에 합격하고 26세에 원나라 사신으로 갔다가 원나라의 회시會試와 전시展試에 각각 1, 2등을 할 정도로 국제적인 천재였다. 이후 개경에서 후진들을 양성했는데, 정몽주를 비롯하여 정도전·이숭인·권근·윤소종 등 여말선초의 변혁기에 개혁을 주도한 대표적 인물들이 그의 문하에 모여들었다. 이색 자신은 조선을 건국하는 데에 반대했지만, 그의 문하에서 배출된 정도전 등 '이색 사단'들은 조선 건국의 주역이 되었던 것이다.

이색의 아들 종선種善은 관직이 좌찬성左贊成에 이르렀으나, 이후에는 두드러지게 출세한 인물이 없었다. 여말선초의 대표 학자임을 자부했던 이색 가문의 영예는 조선전기 이후 조금씩 퇴색하였고, 이지함의 조부 장윤長潤과 아버지 치穉는 각각 현감과 현령직에 머물렀다.

이지함은 1517년 이치(1477~1530)의 아들로 충청도 보령군에서 태어났다. 이치가 41세 때 낳은 막내아들로, 출생부터 신령스러운 정기가 있었다고 전해진다. 장성하여서는 보통 사람보다 머리 하나는 더 있는 건장한 체격에, 얼굴은 둥글고 살이 붙어 있지만 검은 피부에 눈은 빛나고 목소리는 웅장하였다. 특히 발이 한 자가 넘었다는 표현이 있을 정도로 기골이 장대한 인물이었다.

이지함의 출생지에 대해서는 명확히 언급하고 있는 기록이 없다. 다만 그의 묘소가 '보령현 서쪽 고만산高巒山 선영先塋에 있다'라고 기록돼 있으며,[2] 이지함 후손들의 증언이나 그의 위패를 모신 화암서원花巖書院의 기록 등을 참고하면 이지함의 출생지는 보령군 청라면靑蘿面 장산리長山理 일대로 여겨진다.³ 그러나 현재 그의 생가 터는 청라 저수지로 수몰되었다.

이지함의 아버지 이치는 1504년 갑자사화가 일어났을 때, 이미 사망한 종조부 이파李坡가 관여한 성종 때의 폐비 사건에 연루되어 진도에 유배되었다가 1506년 중종반정이 일어난 후 석방되었다. 이후 1507년에 사마시에 합격했으며, 의금부 도사義禁府都事, 수원 판관水原判官 등의 관직을 지냈다. 어머니는 광주光州 김씨로 판관을 지낸 김맹권金孟權의 딸이다. 김맹권은 일찍이 진사가 되고 학문이 높아 집현전 학사로 발탁된 인물로, 세종의 신임을 받아 단종의 보필을 부탁받았다. 그러나 1453년 계유정난을 일으켜 실권을 잡은 수양대군이 1455년 단종을 몰아내고 세조로 즉위하여 왕위를 찬탈하자 고향인 보령으로 돌아가 종신토록 과거를 보지 않은 인물이다.⁴ 이처럼 이지함의 부모들은 사림파와 정치적·사상적 맥을 같이하고 있었다.

이지함은 14세가 되던 해에 아버지 이치가 세상을 떠나자 형 이지번李之蕃에게 학문을 배웠다. 16세 되던 해에는 어머니마저 여의고 여막살이를 마친 후 형 지번을 따라 한양으로 올라갔다. 이지번은 인종 때 천거를 받으면서 '백의재상白衣宰相'이라 불릴 정도로 청렴한 학자였다. 이지번은 이지함에 대한 애정도 각별했다고 한다.⁵ 이지함은 형에게서 받은 빛을 형의 아들인 이산해李山海에게 학문을 가르침으로써 갚았다.

이지함은 이산해가 5세가 되던 해부터 그를 가르쳤는데,『연려실기술』의 「이산해」 항목에서 "이지함이 태극도太極圖를 가르치니, 한마디에 천지음양의 이치를 알고 도圖를 가리키며 논설하였다. 일찍이 독서에 몰두하여 밥 먹는 것을 잊었다. 토정이 몸을 상하게 할까 염려하여 독서를 중지하게 하였다"라고 기록하여, 토정이 이산해를 어릴 때부터 가르쳤다는 사실과 조카에 대해 얼마만한 애정을 지녔었는지 알 수 있다.[6]

이산해는 선조대에 영의정과 이조판서를 지내면서 북인北人의 영수가 된 인물로, 이색 이후 기울어진 '가문의 영광'을 되살리는 데 결정적인 역할을 했다. 이산해의 연보에 의하면 이지함은 이산해가 태어났을 때 아이의 울음소리를 듣고 '이 아이가 우리 가문을 일으킬 것이다'라면서 무척 기특하게 여겼다고 한다. 이지함의 예지력은 여러 일화에서 나타나고 있는 것이다.

족보에 따르면 이지함에게는 적실 소생의 산두山斗·산휘山輝·산룡山龍 세 아들과 서자인 산겸山謙이 있었다. 둘째 산휘는 호랑이에 물려 죽고, 셋째 산룡은 열두 살 때 역질疫疾로 죽었으며, 산겸은 임진왜란 때 의병장 조헌의 휘하에서 활약했다.[7] 『선조실록』에는 산룡에 대해서 '섬에서 길러진 아이'라고 기록돼 있어 이지함이 섬 지방을 두루 돌아다닌 시절에 산룡이 태어났다는 사실을 알 수 있다.

장남 산두를 얻던 해에 조카인 산해도 태어났다. 이지함은 산해와 산두를 함께 가르쳤다. 산해는 어릴 적부터 총명하고 특히 글씨에 뛰어나 그의 글씨를 얻기 위해 사람들이 줄을 설 정도였다. 훗날 명종이

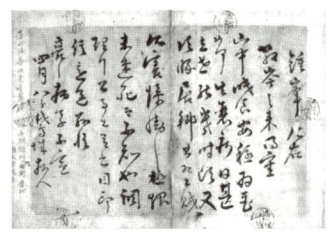
이지함이 직접 길렀던 조카 산해. 어릴 때부터 총명해 주목을 받았는데, 특히 글씨가 매우 뛰어나 이를 얻기 위해 사람들이 줄을 설 정도였다.

되는 경원대군 역시 이황을 시켜 이산해의 글씨를 얻어오라고 했는데, 이황과 이지함의 인연은 이렇게 맺어졌다.

이지함의 아들 중 실록에도 몇 차례 등장하는 인물이 서자 산겸이다. 산겸은 임진왜란 때 이지함의 애제자인 조헌 휘하에서 의병장으로 활약했다. 명군의 참전과 함께 일본과의 강화회담이 한창 진행되던 1593년 11월 유성룡은 선조를 인견한 자리에서 명나라 장군들이 이산겸을 높이 평가했던 사실과 더불어 자신도 이산겸에 대해 좋게 인식하고 있음을 보고했다.

> 이지함의 서자인 산겸이 충청도 의병장이 되어 2월경에 개성부에 왔다가 왕필적王必迪·오유충吳惟忠을 만났는데, 왕필적이 신에게 서간을 보내어 산겸을 크게 칭찬하기를 '어떻게 이처럼 간담이 충성스럽고 의리 있는 사람을 배출했습니까?' 하였고, 신도 그를 만났는데 강화의 불가함을 말했습니다. 산겸은 좋은 사람입니다. 신은 이런 사람을 데리고 가야 한다고 여깁니다(『선조실록』, 선조 26년 11월 21일).

1594년 2월 안타깝게도 이산겸은 역모 혐의로 곤경에 처하게 된다. 유성룡이 선조와 인견한 자리에서 "산겸이 의병을 거느리고도 왜적을 토벌하는 데 뜻이 없어 한 번도 왜적의 얼굴조차 보지 못했으니 매우 미워할 만하므로 인심이 이와 같다"고 고하였을 뿐만 아니라, 선조 또한 "이 사람은 분명히 범람한 사람이다. 무릇 성품이 범람한 사람은 반드시 예측할 수 없을 따름이다"라고 하여 이산겸에 대하여 부정적인 평가를 드러냈다.

이렇게 본다면 이지함에게 있어서 자식 복은 거의 없었던 셈이다. 그나마 이지함의 후처가 나이 오십이 넘어 낳은 서자 산겸이 의병으로 활약했으나, 역모죄로 몰리는 처지가 되었으니 이지함에게 있어 자식은 무척 마음이 아픈 대상이었을 것이다. 그가 전국을 유랑하면서 살아간 것에는 자신에게 닥쳐왔던 자식들에 대한 불운도 섞여 있었던 것은 아닐까?

조선시대의 호랑이

이지함의 둘째 아들 산휘가 호랑이에게 물려 죽었다는 기록으로 보아 당시에 호환虎患이 매우 심각했음을 짐작할 수 있다. '호랑虎狼'이란 원래 '범과 이리'라는 뜻으로 잔인하고 포악한 사람을 빗대어 이르는 말로 자주 쓰였다. 그런데 언제부턴가 범이라는 말 대신 호랑이가 훨씬 친숙하게 사용되기 시작했다. 「호질」과 같은 소설이나 우리 전래동화에는 호랑이 이야기가 심심찮게 나온다. 또한 민화와 각종 장신구·관복 등에도 자주 등장했다. 그만큼 호랑이에 대한 경외심이 남달랐기 때문일 것이다. 1988년 올림픽의 마스코트가 호돌이가 된 것에서 호랑이에 대한 우리민족의 애정은 예나 지금이나 한결같음을 느낄 수 있다.

다른 한편으로 호랑이는 일상적인 공포의 대상이기도 했다. 몸집이 크고 날렵하여 사람들까지 해침으로써 화의 주범이 되었으며, '호환' '마마'라는 말이 최근까지도 일반 백성에게는 가장 큰 공포의 대상이지 않았던가? 호환이 심하여 민가는 물론이고 궁궐에까지 호랑이가 들어와 문제가 된 적도 많았다. 특히 조선후기에는 창덕궁 후원 숲속에 암범이 새끼를 쳤다는 말이 나돌아 장수들이 문책을 당하기도 했다. 『동국신속삼강행실도』 같은 조선시대 교화서에는 호랑이의 위협으로부터 아버지나 지아비를 구한 효자·열녀들의 이야기가 자주 등장하기도 한다.

사납고 용맹스러운 호랑이에 대한 두려움은 그에 대한 숭배로 이어졌다.

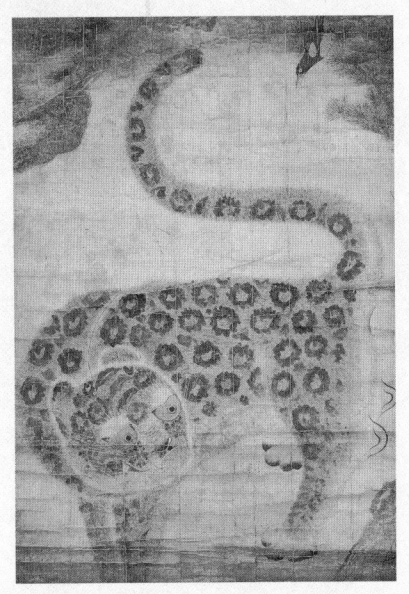

까치호랑이, 113×73.5cm, 지본담채, 조선후기.

무엇보다 호랑이는 잡귀나 액운을 물리치는 영물로 인식되었다. 정초가 되면 국왕은 신하들에게 그림을 내려주었다. 이러한 그림을 세화歲畵라 하는데 세화에는 호랑이 그림이 많았다. 이를 문에도 붙여놓아 잡귀나 사나운 짐승들이 발을 들여놓지 못하게 했다. 민중들이 자주 찾는 산신당山神堂에도 으레 잘생긴 큰 범을 거느리고 있는 산신의 그림을 모셔놓기도 했다.

호랑이가 친숙한 모습으로 일반인에게 다가온 것은 민화에 까치와 함께 그려지면서부터다. 일명 '까치호랑이'로 불리는 민화에는 소나무에 앉은 까치와 전혀 무섭지 않게 해학적인 모습을 하고 있는 호랑이가 등장한다. 정월은 인월寅月 즉 호랑이의 달이며, 까치는 노래에도 나오듯 새해의 기쁜 소식을 전해주는 역할을 한다. 무섭기만 한 호랑이와 가녀린 까치의 결합은 편안함을 안겨주기에 충분하다. 이밖에 호랑이 그림은 삼재三災를 막는 부적으로 활용되었으며, 호랑이를 소재로 한 장신구와 의장 깃발이 널리 사용되었다. 특히 무관이 입는 관복官服의 가슴과 등에 붙이는 흉배胸背에는 호랑이 그림을 수놓아 무관의 용맹함을 상징했다.

역모로 처형된 장인, 이정랑

이지함의 처는 종실宗室인 모산수毛山守 정랑呈琅의 딸이었다.[8] 수守란 왕자군王子君의 중증손衆曾孫에게 처음 주는 벼슬로 경관직京官職은 정4품을, 외관직은 종4품을 부여받았다(『경국대전』 권1, 「이전」, 경관직, 종친부). 종친들에게 '수'의 품계는 부여했지만 실직實職은 주지 않는데, 이것은 제도적으로 종친들을 우대하는 한편 이들의 실질적인 정치 참여를 막기 위한 조처였다. 이정랑을 '모산수'라고 한 것은 이정랑이 모산에 연고가 있고 '수'의 직급을 부여받은 종친이었기 때문이다. 『신증동국여지승람』의 천안군조에 의하면 모산은 원래 모산 부곡으로 아산의 동쪽 경계에 있는 지명이다.

정치 참여가 원천적으로 봉쇄된 조선시대의 종친들은 외견상 화려했던 모습에 비해 삶은 불우했고 처참했다. 이는 왕비의 외척들이 권력 핵심부에서 정권을 장악했던 것과는 상반되는 모습으로, 조선의 권세가들은 종친들에 대한 권력 견제에 성공하고 있었다. 권력 진출에서 소외된 종친들은 억눌린 울분과 감춰진 능력을 그림과 글씨, 문학으로 표출 하기도 했다. 양녕대군이나 안평대군처럼 조선시대 왕실이나 종친들의 서화가 많이 남아 있는 것은 이런 이유 때문이기도 하다.

이지함의 처가는 충주에 있었다. 이것은 훗날 심문을 받게 되는 장인 모산수 정랑이 자신의 고향집이 충주에 있다고 한 것에서도 확인된다.[9] 이지함은 혼인 후에 처가의 연고지인 충주에 얼마간 거주했던 것으로 보인다. 조선중기까지는 혼인한 뒤에 처가에 거주하는 남귀여가혼男歸女家婚이 대부분 유지됐으므로, 이지함 또한 처가에 살았던 것으로 추측된다.

조선시대에는 『주자가례』가 본격적으로 보급되면서 여성을 시댁으로 맞아들이는 친영親迎이 강조되었지만, 16세기까지는 남귀여가혼이 주류를 이루었다. 율곡 이이의 어머니 신사임당이 오랫동안 고향집 강릉에 거처한 것이 대표적인 예다. 그러나 이지함은 얼마 후 처가에 화가 미칠 것을 예견하여 가족들을 이끌고 자신의 고향인 보령으로 돌아왔다.[10] 『연려실기술』에는 "이지함이 이지번에게 '내가 처가를 관찰했더니 강한 기운이 없습니다. 이에 내가 피하여 가지 않으면 화가 장차 나에게 미칠 것입니다' 하고 처자를 데리고 서쪽으로 갔는데 다음해에 화가 일어났다"라고 기록되어 있다. 이지함이 예언한 '처가의 화'는 바로 이홍남의 고변 사건이었다.

안평대군, 재송엄상좌귀남서, 지본, 14.3×27.9㎝, 1450년, 간송미술관 소장. 안평대군이 33세 때 노 대선 사에게 직접 짓고 써서 보낸 글씨. 안평대군의 유려한 문체와 불교에 대한 해박한 지식을 엿볼 수 있는 글씨 로, 평상의 행서 글씨에서 "조맹부의 진수를 보는 듯 하다"고 평가되고 있다.

이홍남의 고변이란 1549년 4월에 이홍남李洪男이 아우 이홍윤李洪胤을 고발한 사건이다. 1547년 9월 18일 양재역 벽서 사건에 연루되어 영월에 유배 중이었던 이홍남은 아우 홍윤을 역모 혐의로 고발했다. 이 사건은 척신 계열인 정언각鄭彦慤이 양재역 벽 위에 붉은 글씨로 '여자 임금이 위에서 정권을 잡고, 아래에서는 간신 이기 등이 권력을 농단하고 있다. 이것은 나라가 망할 징조이니 어찌 한심하지 않으리요'(『연려실기술』, 권10 「명종조 고사본말」 정미벽서지옥)라고 쓴 데에서 발단한 사건이다. 당시 명종을 대신해서 수렴청정을 하던 문정왕후와 권신權臣 이기를 비난한 글이 보고됨으로써 정국은 초긴장 상태에 돌입했다. 결국 이 사건으로 송인수 · 이약빙 · 임형수 등 사림파 인사들 상당수가 처형을 당했고, 이언적 · 노수신 · 정황 · 유희춘 등은 유배에 처해졌다.

홍남 · 홍윤 형제는 벽서 사건에서 사사된 이약빙李若氷의 자식들로 을사사화의 주도 세력과는 오랫동안 원한관계에 있었다. 특히 이홍윤은 을사사화 때 윤원형에 의해 희생당한 대윤의 영수 윤임尹任의 사위로, 평소 아버지와 장인이 억울하게 죽은 것을 원통히 여긴 터였다. 홍윤과 홍남은 평소 형제간의 사이가 좋지 못했다. 홍남은 홍윤이 '연산군 때 사람을 지극히 많이 죽이더니 마침내 중종반정을 당하였다. 지금 주상(명종)인들 어찌 오래도록 그 자리를 누리겠느냐' 는 등의 말을 하고 마침내 충주에 거주하는 사람들을 규합하여 역모를 꾀했다고 고발했다. 역모를 보고받은 문정왕후는 대의를 위해 형제의 인연도 무시한 홍남을 극찬하고 친히 술도 하사했다.

고변의 주요 내용은 홍윤이 거주지인 충주를 중심으로 군사를 모아 역모를 꾀한다는 것이었는데, 결국 이 사건으로 홍윤은 능지처참되고, 강유선, 최대립, 무송수茂松守 언성, 모산수毛山守 정랑 등 33명이 사건에 연루되어 처형당했다. 또한 충주에 거주하던 300여 명의 인사가 희생됐는데, 대부분이 이약빙의 문인이거나 그와 교분을 쌓았던 이들이었다. 당시 충주는 '한 고을이 텅 비게 되었다'라고 할 정도로 큰 타격을 입었으며, 결국 역적의 소굴로 지목되어 유신현維新縣으로 강등되었다. 충청도라는 이름 또한 청홍도淸洪道로 개칭되었으니, 이 사건의 파장이 얼마나 컸던가를 짐작할 수 있다.

이지함의 장인 모산수는 이 사건에 연루되어 장형杖刑을 받다가 목숨을 잃었다.[11] 이정랑은 종실인 까닭에 역모자들의 공초에는 왕으로 추대될 정도로 이 사건의 핵심 인물 중 한 명이었다. 그는 장형을 당한 후에 능지처사되었고, 왕실 족보인 『선원록璿源錄』에도 그와 자손들의 이름이 삭제되는 비운을 맞았다. 영의정 이기, 종부시 제조 구수담 등이 『선원록』을 다시 베끼는 일을 상소하면서 '전례에 의거하여 역적 모산수와 무송수 자손들의 명단을 『선원록』에서 삭제할 것'을 건의하여 국왕의 허락을 받았던 것이다.[12] 장인 모산수에게 닥쳤던 이러한 정치적 불행은 이지함의 향후 인생역정에도 큰 영향을 주었다.

현감직을 두 번 말다

스승 같은 형 이지번이 과거에 합격하지 못하자 이지함 스스로도 과거를 단념했다. 과거를 보긴 했으나 답안지를 제출하지 않았고 이름을 쓰지 않았다는 이야기도 전한다. 1546년 이지번이 39세에 비로소 진사가 되자 이지함은 다음 식년시에 과거를 보기로 작정했지만, 1547년 을사사화의 여파로 가장 절친했던 벗 안명세가 희생되자 완전히 출사를 단념하고 실의에 빠져 세월을 보내게 된다. 처가에 닥친 불행 또한 이지함의 유랑벽을 가속화했던 듯하다.

그렇지만 유랑은 이지함이 새로운 현실에 눈을 뜰 기회를 마련해주었다. 그는 자신이 태어난 보령과 서울 마포를 주요 근거지로 삼아 전국을 유람하면서 민생의 현실을 목도했고, 이를 외면하지 않고 자신이 백성을 위해 무슨 일을 해야 할 것인가를 차곡차곡 정리해나갔다.

1573년(선조 6) 마침내 그의 탁행卓行이 조정에 알려지고 유일 등용 책이 추진되면서 이지함은 최영경·정인홍·김천일·조목 등과 함께 이조吏曹의 천거를 받아 종6품직의 벼슬에 올랐으며 이듬해(1574)에는 포천현감에 임명되었다.[13] 이때 이지함의 인품은 실록에 자세히 기록되어 있다.

> 이지함은 기개와 도량이 비범하고 효성과 우애가 뛰어났다. 젊었을 때 해변에 어버이를 장사 지냈는데, 조수가 조금씩 가까이 들어오자 먼 장래에 물이 반드시 무덤을 침해하리라 판단하고선 제방을 쌓아 막으려고 하였다. 그리하여 우선 돌을 운반하여 배에 싣고 포구를 메웠는데, 수없이 돈이 들었으나 스스로 벌어들여 준비하기를 귀신같이 하였다. 해구海口가 넓고 깊어 끝내 성공하지는 못했으나 뜻만은 포기하지 않고 말하기를, '성공하느냐 못 하느냐는 하늘에 달렸으나 자식으로서 어버이를 위해 재난을 막을 계획은 게을리 할 수 없다' 하였다.
> 평소에 욕심을 내지 않고 고통을 견뎠고, 짚신에 죽립竹笠 차림으로 걸어서 사방을 돌아다니며 학식과 절조가 있는 선비를 사귀었다. 그와 함께 이야기하면 기발하여 사람들의 주의를 끌었으나, 혹은 수수께끼 같은 농담을 하며 점잖지 못한 태도를 보이기도 하였으므로, 사람들이 그를 헤아릴 수 없었다.[14]

어버이의 장지葬地에 해수가 들어오는 것을 막으려 했던 젊은 시절의 일화를 비롯해, 죽립 차림으로 사방을 돌아다니는 이지함의 방랑벽과 기인적인 풍모가 여지없이 드러나고 있다. 특히 그의 이야기에 대해 '기발하다'거나 '수수께끼 같은 농담' '점잖지 못한 태도' 등으로 표현함으로써 평범한 학자들과는 달리 독특한 개성이 있었음을 알 수 있다.

이후 이지함은 1573년 포천현감으로 지낼 때 자신이 건의한 사회경제 정책이 조정에서 받아들여지지 않자 사직하고 물러났다. 그러다가 1578년 다시 천거를 받아 아산현감에 제수됨으로써 정책을 펼 기회를 되찾았다. 그가 부임하기 직전인 1578년 4월 조정에서는 아산현감 윤춘수尹春壽가 백성들을 구휼하지 않고 탐욕에 눈이 어둡고 병을 칭탁하여 일부러 관직을 그만두었으니 죄를 주자는 논의가 있었고,[15] 이어 5월에 이지함이 아산현감으로 있을 때 올린 진폐상소문陳弊上疏文이 기록된 것으로 보아 이지함은 윤춘수의 후임으로 당시 아산현의 어려움을 구제할 적임자로 판단되어 임명된 듯하다.

이지함은 현감으로 재임하면서 걸인청乞人廳을 만드는 등 노약자와 고통받는 백성들을 구휼하는 데 힘을 기울였으며, 자신이 현감으로서 경험한 시무책을 담은 상소문을 올렸다. 이 상소문에서 이지함은 곤궁한 생활 실상을 알면서도 백성들을 부당하게 군역에 넣어야 하는 실태를 적나라하게 지적했다.[16] 선조 또한 그 의견이 옳다고 답했으나[17] 이지함이 곧 사망했기 때문에 상소문에 제시된 시무책은 빛을 보지 못했다. 당시 승정원에서는 이지함에 대해 언론풍지言論風旨가 사람들의 이목을 끌고 백성들을 보살피는 데 최선을 다했으며, 시무時務에도 능했던 호걸로 표현했는데,[18] 자료가 뒷받침해주듯이 이지함은 인망이 두텁고 현실의 급무에도 통달했던 인물이었음을 알 수 있다.

　포천현감과 아산현감, 그가 맡은 관직은 단 두 차례밖에 없었지만, 이지함은 당시의 백성들에게 선명한 행적을 남겼던 것이고, 이것이 실록의 기록에 압축되어 있다.

『토정비결』, 이지함의 저작인가?

이지함은 신분에 구애받지 않고 학풍에 얽매이지 않으며 교유관계가 개방적이었던 자유주의적 성향의 인물이었다. 그리고 그의 이름을 가탁한 저술『토정비결』이 일반 서민을 위한 책이라는 점 때문에 이지함의 신분을 한미하게 보는 선입견이 있다. 그러나 그는 목은 이색의 후손이었고, 조카 이산해는 영의정에까지 오르는 등 양반 중에서도 명문가였다는 점을 고려하면 그의 개방성은 높이 평가할 만하다.

이지함의 호 '토정'은 '흙으로 만든 정자'라는 뜻으로, 지금의 마포 강변에 허름한 집을 짓고[19] 밤에는 그 속에서 자고 낮에는 지붕을 정자 삼아 글을 읽었다는 데서 유래한 것이다.[20]

지함은 일찍이 용산 마포의 항구에 흙으로 언덕을 쌓았다. 아래로는 굴을 파고 위로는 정사亭舍를 만들어 스스로 '토정'이라 이름하였다[

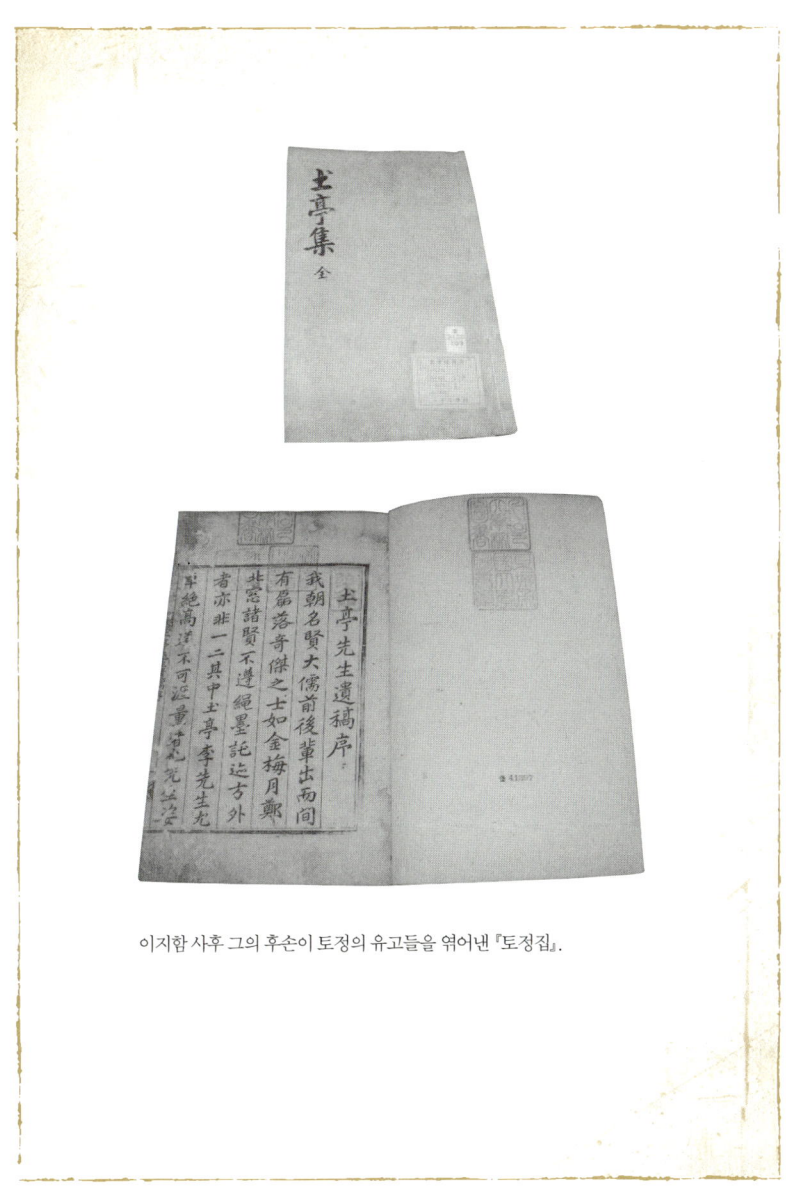

이지함 사후 그의 후손이 토정의 유고들을 엮어낸 『토정집』.

於龍山麻浦港口 築土爲阜 下爲窟穴 上爲亭舍 自號土亭(『선조수정실록』, 권12, 11년 7월 경술).

거주하는 집에 흙을 쌓고, 그 위는 평평히 하여 정자로 삼았다. 그리하여 스스로 토정이라 이름하였다(以所居屋築以土 平其上爲亭 故自號土亭)(『국조인물고』「이지함 묘갈명」, 이산해 찬).

이지함의 삶과 사상에서 마포의 토정이라는 공간이 차지하는 비중은 크다.

16세기 마포나루는 서해를 거쳐 서울로 들어오던 물산이 집결되던 곳으로 상업·경제활동의 중심지였고, 토정은 강가에 바로 직면한 곳이었다. 1658년(효종 9) 남인의 영수로 활약했던 학자 허목許穆(1589~1682)은 뱃길로 한강을 가던 중 토정에 잠시 들르면서, 토정이 이지함이 지은 집임을 회고하고 이지함에 대해 "높은 행실과 기이한 재주를 가지고 세상을 조롱하며 스스로 즐긴 인물"이라고 평했다.[21] 즉 토정은 17세기 후반에도 여전히 명소로 인식되고 있었다.

이지함의 근거지가 충청도 해안지역과 서울의 마포 토정이었다는 점을 고려하면, 그가 일찍부터 상업과 어업, 유통경제에 안목을 가졌던 것은 자연스런 일이다. 한 학자의 학문과 사상이 형성되는 데 있어 지역적 기반만큼 중요한 것도 없을 것이다. 항상 물이 넘쳤던 마포에서 뱃사공과 어부, 젓갈 장수, 소금 장수 등 각종 신분의 사람들과 격

이지함의 근거지였던 마포 나루의 모습. 16세기 이곳은 서울 상업·경제 활동의 중심지였다.

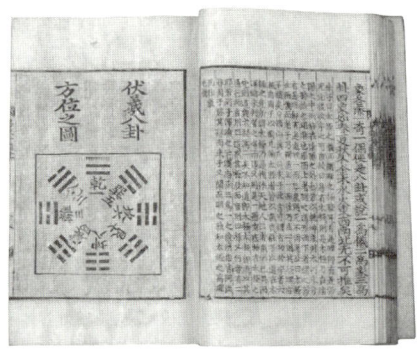

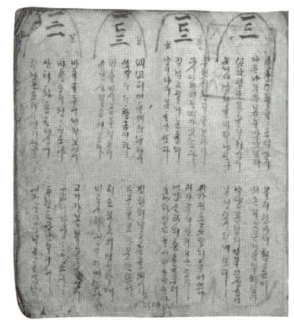

『토정비결』이 이지함의 저술인가의 여부와 관계없이 그의 사상과 통하는 측면이 많았다. 특히 『토정비결』은 『주역』을 모태로 한 저술이었으며, 그 안에 내포된 변혁 의지도 공통된 측면을 보인다.

의 없이 어울렸던 이지함은 이들과 희로애락을 같이하며 그의 이름을 깊이 각인시켰을 법하다. 『토정비결』이 이지함의 저작으로 널리 알려진 까닭도 그의 민중 친화력 덕분이다. 또한 오늘날에도 마포대교 입구에서 신석초등학교를 거쳐 상수동에 이르는 길을 '토정로'라 이름 붙인 것에서 이지함의 행적을 찾아볼 수 있다.[22]

무엇보다 이지함을 유명하게 만든 것은 『토정비결』이다. 대부분의 사람이 『토정비결』을 이지함의 저서로 알고 있다. 『토정비결』은 『주역』의 괘를 기본으로 하지만, 생시가 빠진 생년·월·일 삼주육자의 48괘로만 본다. 『주역』보다 간단하기 때문에 쉽게 운명을 점칠 수 있게 하는 책이다. 그러나 『토정비결』에 대해서는 아직까지 이지함의 저작이라는 설과 그의 이름을 후대에 가탁한 것이라는 주장으로 의견이 분분하다.

필자가 보기에는 『토정비결』이 이지함 사후에 유행하지 않고 19세기 후반에 널리 퍼진 점 등을 고려할 때 이지함의 이름을 가탁한 것이라는 주장이 설득력 있어 보인다. 먼저 이지함 사후 100여 년 후인 숙종 때 그의 고손자 이정익이 토정의 유고를 모아 간행한 책이 『토정유고』이다. 당시에 『토정비결』이 유행했다면 반드시 이 유고에 포함되었을 것이다. 또한 정조 때 홍석모洪錫謨가 쓴 『동국세시기東國歲時記』에는 조선후기의 풍속 전반에 관한 내용이 상세히 기록되어 있는데, 정월의 경우 세배하거나 세찬歲饌, 떡국 먹기 등 새해 풍습과 새해의 신수를 보는 오행점五行占을 기록하고 있다. 마찬가지로 같은 시대 유득공柳得

恭이 서울의 세시풍속에 대해 쓴 책『경도잡지京都雜誌』에도 새해의 풍속 중 '윷을 던져 새해의 길흉을 점친다'는 기록은 있지만, 『토정비결』에 대한 언급은 전혀 없다. 만약『토정비결』이 조선후기에도 유행했다면『동국세시기』나『경도잡지』에 결코 빠지지 않았을 것이므로, 이는 결국『토정비결』이 널리 유행한 것이 최소한 19세기 이후라는 사실을 알려준다. 물론 이지함이 평소 언급했던 내용들 일부가 오랜 세월 구전으로 전해오다『토정비결』에 반영됐을 가능성은 충분히 있다.

그렇다 하더라도『토정비결』이 담아내고 있는 뜻을 보면 이지함의 사상과 통하는 측면이 많아 단순히 그 관계를 부정할 수만은 없다.『토정비결』은『주역』을 바탕으로 하여 상수학象數學의 사고를 많이 드러내고 있는데, 이지함이 서경덕에게서 상수학을 배운 사실은 둘의 연관성을 넓혀준다.[23] 스승 서경덕 등 당시『주역』이나 상수학에 조예가 깊었던 학자들이 '리理' 보다는 '기氣'에 관심을 가지면서 사회 기반을 안정되게 이해하지 않고 당대를 변화가 일어나야 할 시점으로 파악한 점과, 이지함이 그러한 사상을『주역』을 통해 배웠다는 점을 고려하면, 『주역』사상에 내포된 변혁 의지가『토정비결』에도 반영되어 변화를 갈망하는 백성들의 의식에 깊이 각인시켰다고 할 수 있을 것이다.『토정비결』이 기본적으로『주역』을 모태로 한 저술이라는 점은 이덕형李德泂이 이지함을 염두에 두고 "세상에서 풍수를 숭상하고 믿게 된 것은 이씨의 집안에서 시작된 것이다"고 말한 바[24]에서도 확인할 수 있다.

『토정비결』의 저자로 이지함을 떠올리는 것은 무엇보다 그가 지닌

친민중적인 성향 때문이다. 이지함이 민간에 친숙한 인물이었다는 점은 야사류의 책에 그에 관한 기록이 풍부한 데서도 발견된다. 『대동기문』에는 이지함이 스스로 상업행위에 종사한 일과 거지 아이에게 옷을 벗어준 일화 등이 소개되어 있으며, 『동패락송』에도 이지함의 기이한 행적들이 기록되어 있다. 『토정비결』의 또 하나의 특징은 70퍼센트 이상이 행운의 괘로 구성된 사실이다. 토정비결을 보는 사람들은 대부분 희망과 행운의 메시지를 얻을 수 있다. 불운에 관한 괘들도 조심하면 길함이 있다는 식으로 해석하여 불행을 피할 수 있게 한다. 이러한 점에서도 민중들에게 위안을 안겨준 이지함의 사상과 『토정비결』은 그 맥락을 같이한다.

결국 점술이나 관상비기觀象秘記에 능했던 이지함의 행적이 민중들에게 널리 전파됐고, 19세기 이후 비결류의 책을 만들면서 『토정비결』이란 이름을 가탁했을 가능성이 높다. 이지함을 타이틀로 한 책을 만들면서 많은 사람들에게 호응을 받을 것을 기대했기 때문일 것이다.

『토정비결』은 당시까지 민중들에게 슈퍼스타로 자리매김하고 있던 이지함의 이름을 빌려 오늘날까지 베스트셀러로 만들어낸 데 성공한 책으로 볼 수 있다.

『남사고비결』이란 무엇인가?

『남사고비결南師古秘訣』은 명종 때의 남사고가 쓴 비결로 추정되는 책이다. 남사고南師古(1509~1571)는 명종 때의 실존 인물로 벼슬은 하위직에 그쳤으나, 그가 쓴 비결은 사후 200여 년 뒤까지도 막강한 영향력을 지니고 있었다. 남사고는 국가의 장래를 걱정하여 많은 예언을 했고, 그 가운데 적중하는 것들이 상당수였다. 특히 남사고는 자신의 죽음을 정확히 예언하여 사람들 사이에서 유명해졌다. 이런 연유로 사후에 그의 이름을 빌린 다양한 예언서가 나타났다.

『남사고비결』은 갑자년을 기점으로 해마다 일어날 사건들을 차례로 열거하고, 이에 대해 일종의 예언을 하고 있는 책이다. 1733년(영조 9) 남원에서 국왕 영조를 비방하는 괘서를 유포한 혐의로 체포된 김원팔 일당은 『남사고비결』을 소지하고 있었다. 『남사고비결』의 '무신년(1728)으로부터 4~5년이 지나면 세상일이 이미 끝이다'라는 내용은 그들의 반정부 활동을 부추겼음에 틀림없다.

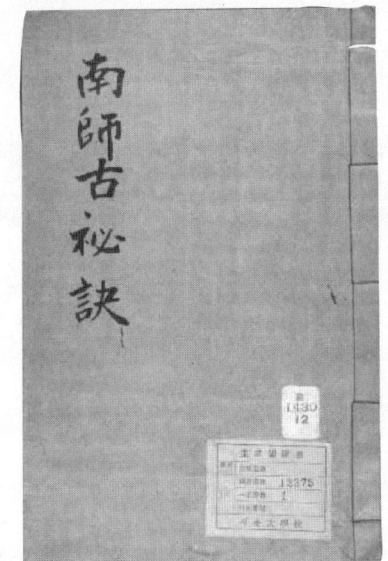

남사고는 이지함과 비슷한 시기를 살다 간 인물로, 이 시기 인물들의 비결류가 특히 많은 점도 관심을 끈다. 『남사고비결』『토정비결』을 비롯하여 정렴의 저작 또는 그의 이름을 가탁한 것으로 알려진 『북창비결』 등이 그것이다. 결국 사화의 시대라는 정치적 혼란기를 겪으며 많은 사람들이 피안처를 찾고 미래를 예측하려는 경향이 두드러졌다. 그리고 이 시기에 이 방면에 탁월한 능력을 보인 남사고, 이지함, 정렴에 대한 기억은 이후에도 비결류의 책을 통해 계속 이어졌다고 할 수 있다.

이지함이 기인으로 불리는 까닭은?

장마 끝의 단비처럼 백성들에게 가뭄을 해갈해주는 친숙한 인물로 다가섰을 이지함의 면모는 야사류의 기록 여러 곳에서 발견된다. 『대동기문大東奇聞』은 이지함 스스로 상업 행위에 뛰어든 일과 길가 거지 아이에게 옷을 벗어준 일화를 소개하고 있고,[25] 『동패락송』[26]에는 괴기한 행동을 서슴잖다가 이지함이 노인에게 놀림을 받았다는 이야기와[27] 계집종의 유혹에도 선승처럼 이를 물리친 일,[28] 간질병에 걸린 사람을 치료했다는 이야기,[29] 음률音律을 아는 이인異人과 장도령을 만난 이야기,[30] 서기徐起·성제원成悌元과 함께 한라산에 올라가 남극노인성南極老人星을 구경한 일[31] 등이 기록되어 있다. 이러한 일화는 대부분 이지함이 민간에서 격의 없이 사람들을 만나 자신의 도움이 필요할 때 응한 내용들이다. 이지함은 스스로에게는 철저히 엄격했으나 다른 사람들을 만나고 접하는 데 있어서는 매우 온화했다고 전해지는데,[32] 이러한 기질은 그가 민중과 친근감 있게 뒤섞이는 한 요인이 되었을 것이다.

16~17세기 전반에 김시습·이지함·서경덕·정렴·박지화·서기 등 흔히 방외인적인 기질이 있다고 알려진 인물들은 이인설화異人說話를 통해서도 널리 회자한 것이 주목할 만한데, 이들 중에서도 서경덕·이지함·정렴은 가장 인기 있는 인물로 등장했다.[33] 특이한 행동거지를 일삼았던 이지함의 면모에 대해서는 17세기에 출간된 문헌들 즉, 『어우야담』『지봉유설』『기옹만필畸翁漫筆』『죽창한화竹窓閑話』 등에서도 묘사되고 있다.

특히 북인학자 유몽인의 『어우야담』에서는 이지함의 기략奇略과 기행奇行을 다루고 있어 주목할 만하다.

이지함의 기략

이지함 선친의 묘가 보령 해변에 있었다. 그곳 바다 가운데에는 큰 바위가 있었는데, 그 바위가 묘지의 안산案山*을 이루어 풍수상으로 볼 때 불길하여 제거하고 싶었으나 그럴 수가 없었다. 이지함이 말하기를 '그것을 제거하기가 어렵지 않다' 하더니, 마침내 해도海島로 들어가

* 집터나 묏자리의 맞은편에 있는 산.

목재를 베어내 천 석을 실을 수 있는 큰 배 네 척으로서 백 척 길이의 긴 재목을 바위 사면에 대고 그것을 네 척의 배에 매었다. 조수가 크게 불어나 바위가 수력水力 때문에 뜨게 되자 돛을 펴고 바다 깊은 곳에 들어가 그 바위를 풀어 바다에 던졌다. 그의 기발한 재략이 출중하여 사람들은 그가 대장이 되어 삼군을 거느릴 인물이라 생각했지만 종신토록 아무것에도 구속되지 않고 살다가 죽었으니 애석할 따름이다.

이지함의 기행奇行

우묵한 길에 흙을 쌓아 가운데 높이가 백 척인, 흙으로 된 집을 지어 이름을 토정이라 하였다. 밤에는 집 아래서 잠들고 낮에는 지붕 위에 올라가 거처하였다. 또 솥을 짊어지고 걸어다니는 것을 싫어하여 철관鐵冠을 만들어 벗어서는 밥을 짓고 씻어서는 관으로 썼다. 팔도를 두루 유람하면서도 탈것을 빌리지 않고 다녔다. 천한 사람의 일을 몸소 겪어보지 않은 것이 없었노라고 스스로 여기고는 남에게 매 맞는 것까지도 스스로 자청해 시험해보려 하였다.

하루는 민가에 들어가 부부의 곁에 앉으니 주인이 크게 노하여 구타하여 쫓아내려다가 늙었으므로 그냥 내쫓았고, 또 볼기를 때리는 형벌을 받으려고 일부러 관인의 앞길을 침범하였는데, 관인이 노하여 태형笞刑을 내리려 하다가 그를 한참 쳐다본 후 형상이 기이하므로 그만두었다.

이지함의 죽음에 대해서도 거짓말 같은 일화가 전하고 있다. 『어우야담』에는 이지함이 아산현감으로 있을 때 늙은 아전이 죄를 짓자 '네가 비록 늙었으나 마음은 곧 어린아이니 당장 관을 벗고 백발을 따서 어린아이가 되거라' 하고는 그로 하여금 벼루를 가지고 책상 앞에서 자신을 모시도록 했다고 한다. 이에 늙은 아전이 원한을 품고 지네 즙을 가져다 몰래 술에 타서 내놓았으며, 그것을 마신 지함이 숨을 거두었다고 한다. 터무니없어 보이는 이야기이지만 이지함은 삶의 마침까지도 다른 사람과는 구별되었던 것이다. 『동패락송』은 이지함이 괴상한 행동을 하다가 노인의 놀림을 받은 이야기도 전하고 있다.

> 토정 이지함은 이상한 행동을 잘하였다. 구리로 만든 노구爐口솥을 머리에 쓰고, 그 위에 패랭이를 얹어서 밤낮으로 다녔다. 허기가 있으면 노구솥을 벗어 시냇가에 걸어두고 밥을 지어 먹은 후 씻고 말려 다시 머리에 썼다. 잠을 자고 싶으면 길가에서 지팡이를 짚고 서서 잤다. 오고가는 소나 말이 부딪쳐서 동서로 옮겨다니다가 5, 6일 후에 비로소 깼다.

　　이지함이 민간 의료 요법에도 해박한 지식을 지녔음은 그 스스로 간질병을 치유한 『동패락송』의 이야기에서 보인다.

> "토정이 일찍이 율곡을 방문하였는데, 머리에는 흙을 구워 만든 갓을 쓰고 허리에는 굵은 줄을 두르고 있었다. 율곡이 웃으며 말하기를 '선생은 어째

서 이렇게 이상한 복장을 하셨습니까?' 하자, '내가 세상의 길흉과 선악을 시험해보았더니 온갖 병 가운데 간질병이 가장 고약했습니다. 일부러 벽 틈에 누워 백회혈에만 바람을 쐬었더니 석 달이 되자 과연 간질병이 생기더군요. 약으로 치료를 해보려고 하였으나 끝내 두드러진 효험이 없으니, 병이란 것은 뜻대로 바로 낫게 할 수는 없는 것인가봅니다. 흙으로 구워 만든 이 갓을 쓰고 굵은 띠를 두른 채 어느 절에 가서 석 달 동안 벽을 보고 수도를 한 뒤에야 병을 비로소 물리쳤습니다."

정홍명이 쓴 『기옹만필』에도 이지함에 관한 단편적인 글이 몇 편 보인다.

토정의 소설小說에 "악한 범은 사람의 작은 몸을 엿보고, 사특한 생각은 사람의 큰 몸을 먹어 들어가는데 사람들이 악한 범은 무서워하고, 사특한 생각은 무서워하지 않으니 어찌된 일인가" 하였다.

토정이 포천군수로 있을 때 만언소를 올렸는데, 그중 사람을 쓰는 데는 반드시 그 재주대로 해야 한다는 조목에서는 "해동청海東靑*은 천하가 알아주는 좋은 매인데 그로 하여금 새벽을 알리는 일을 맡도록 하면 늙은 닭만 못하고, 한혈구汗血駒**는 천하가 알아주는 좋은 말인데 그로 하여금 쥐 잡는 일이나 시키면 늙은 고양이만 못합니다. 더구나 닭이 사냥을 할 수 있겠으며 고양이가 수레를 끌고 다닐 수 있겠습니까?" 하였다.

토정은 행적이 탁월하고 기이하여 구속을 받지 않았으며, 그의 천성은 순량淳良하며 효성과 우애가 지극하였다…… 그가 강해江海를 떠돌아다니며 방랑 행각을 한 것은 세상을 싫어해서만이 아니라, 구속받는 것을 피하는 생각에서 나온 것이라 한다.

정홍명이 지적한 것처럼 이지함이 방랑한 까닭은 세상이 싫어서가 아니라 구속에 얽매이기 싫어서였다. 사실 이지함은 기인적인 면모 이외에 실질적인 삶의 문제 해결에도 노력을 기울인 인물이었다.

당시 양반에 속하는 계급이 백성들의 삶과 경제생활까지 두루 신경 쓴다는 것은 사실 상상하기 어렵지만, 『어우야담』은 이지함이 백성들로 하여금 자급자족하도록 했다는 일화도 전해주고 있다.

이지함은 유랑민이 떨어진 옷을 입고 걸식하는 것을 가엾게 여겨 굶주린 백성을 위해 큰 집을 지어 그곳에 살도록 하고, 사·농·공·상 중 하나를 손수 업으로 삼아 살도록 하였는데, 직접 대면하여 깨우쳐주지 않음이 없었다. 각자를 이끌어 의식을 주선해주었고 그중에서 가장 능력이 없는 자에게는 볏짚을 많이 주어 미투리를 만들도록 시켰는데, 그 일을 친히 감독하여

---

* 사냥용 매의 일종으로, 고려시대부터 우리나라의 해주와 백령진 등에서 산출되어 꿩사냥에 이용되었으며 중국에까지 이름이 알려질 정도였다.
** 명마의 이름. 후대로 내려오면서 천리마 또는 준마의 대명사로 쓰였다.

하루에 10짝씩 만들어 시장에 내다 팔게 하였다. 하루의 공력이면 한 말의 쌀을 마련하지 않는 날이 없는지라 남은 이익을 축적하니 몇 개월 지나지 않아 의식이 모두 풍족해졌다.

이지함이 기이한 방법으로 소금을 구한 이야기도 있다.

일찍이 아산현감으로 있을 때였다. 관례에 의해 충청감영에 소금을 조달하는 일은 아산현에서 담당했다. 담당 아전이 소금을 사자고 했으나 토정은 허락하지 않았다. 감영에 소금을 보내줄 기한이 거의 임박해서 토정은 관아에서 일하는 하인들을 동원하여 삽과 삼태기 등을 많이 지니게 하고 배를 띄워 남쪽을 향하여 갔다. 토정이 배의 키를 잡았는데, 배를 움직이는 데 법도가 있었다. 배가 나는 듯이 나아가더니 한 곳에 이르렀다. 그곳은 흰 산이 하늘에 닿을 듯하였다. 산 아래 배를 대놓고, 산 밑을 파보니 온 산이 모두 소금이었다. 그리하여 그 소금을 가득 싣고 돌아왔다.

사실 여부를 떠나 이 이야기는 이지함이 소금을 활용함에 있어 탁월한 식견을 지니고 있었음을 보여준다. 뿐만 아니라 배를 움직이는 항해능력의 우수함도 갖추고 있었음을 알 수 있다.

『동패락송』에는 이지함과 그의 제자인 조헌이 석굴선생石窟先生과 문답한 내용이 기록되어 있다.

토정 이지함이 중봉 조헌과 함께 바닷가에 앉아 있었다. 물 위로 조각배 하나가 사람도 없이 절로 흔들거리며 왔다. 그것을 보고 이지함이 조헌에게 물었다. "자네는 이것이 무엇인지 알겠는가?" 조헌이 "모르겠다"고 하자 이지함은 "이것은 곧 지리산 신인神人이 배를 보내 우리들을 맞이하는 것이라네" 하였다. 배가 가까이 오자 두 사람이 탔다. 배는 스스로 요동치면서 갔다. 반나절을 가더니 산 아래에 정박하였다. 배에서 내려 산에 올라가니 석굴이 있었다. 그 안을 들어가니 자못 밝고 넓었는데 붉은 털이 난 사람 하나가 돌로 만든 평상 위에 앉아 있었다. 조헌은 그 아래에 서 있었고, 붉은 털이 난 사람은 끊임없이 말하였다. 조헌이 옆에서 들었으나 알지 못하였다. 잠시 후 이별하고 굴 밖으로 나오면서 조헌이 이지함에게 물었다. "조금 전에 주고받으신 말씀이 많았는데 저는 무엇을 말하는지 하나도 알아듣지 못했습니다. 다만 헤어질 때에 석굴선생이 말하기를 '산을 삼가십시오' 하니, 선생이 '운수지요'라고 하셨는데 어찌 이 한마디 말을 제가 홀로 깨달을 수 있겠습니까. 무엇을 이르는 것입니까?" 이지함이 다음과 같이 일렀다. "그가 말하기를 나는 아산에서 죽을 것이고, 자네는 금산에서 죽을 것이니 모름지기 산을 피하라 한 것이네. 그래서 내가 운수라고 핑계를 댄 것이라네." 그후에 이 말은 과연 증명이 되었다.

실제 이지함은 아산현감으로 있다가 풍토병에 걸려 사망했고, 조헌은 임진왜란 때 의병을 모아 전투를 하다가 금산에서 전사를 했으니, 이 일화는 과연 이지함과 석굴선생의 신통력을 전해준다고 할 수 있

이지함은 미투리 삼는 백성 한 명 한 명에게까지 두루 신경을 써 그들이 자급자족할 수 있도록 도와주었다.

다. 또한 이 이야기의 매개체로 활용되고 있는 바닷가, 지리산 등은 토정의 행적과 깊은 인연을 보이는 곳이다.

지리산은 예로부터 삼신산의 하나로 민간의 의식세계에 깊이 자리해왔으며, 정치와 사회 현실 속에서 고통받는 민중에게 피안의 장을 제공하는 곳으로 인식되어왔다. 지리산은 우리나라 도가 사상의 뿌리와도 깊은 인연이 있는데, 조선중기 도가적 성향을 보인 지식인들의 행적을 기록한 『해동이적海東異蹟』에 나오는 많은 인물들은 지리산을 중심으로 활동했다. 지리산의 지명에 보이는 삼신동三神洞·청학동靑鶴洞 등의 명칭도 도가적 의식을 잘 보여준다.

16세기를 대표하는 처사 조식은 만년에 지리산 천왕봉이 보이는 곳에 산천재山天齋를 짓고 후학들을 가르쳤다. 날카롭고 직선적인 언어로 조정을 발칵 뒤집어놓기도 했던 비판적 지식인 조식. 그의 학문적 뿌리도 바로 지리산이었다. 지리산 천왕봉을 닮고 싶어했던 조식의 시를 보면 당시의 지식인들에게 지리산이 얼마나 선망의 대상이었는가를 알 수 있다.

저 무거운 종을 보오	請看千石鍾
크게 두드리지 않으면 소리가 없다오	非大扣無聲
두류산과 꼭 닮아서	爭似頭流山
하늘이 울어도 울리지 않는다오	天鳴猶不鳴

김윤겸, 지리전면도, 지본담채, 29.6×34.7㎝, 18세기, 국립중앙박물관. 예부터 민중들의 피안의 장으로 여겨져왔던 지리산은 도가적 성향을 보인 지식인들의 활동 중심지였으며, 이지함의 행적 역시 이곳과 깊은 인연을 맺었다.

이지함은 세속에 얽매이지 않고 구속을 싫어하는 성향이 두드러졌다. 그런 점에서 그의 사상에는 도가적 흐름이 있었음을 짐작할 수 있다. 이러한 면모 때문인지 이지함은 조선중기 도가 사상의 대표적인 학자이며 의학·예언에도 일가견이 있었던 정렴鄭𥖝(1505~1549)[34]과 함께 이인異人으로 지칭되기도 했다.[35] 정렴은 1539년(중종 34)에 포천현감에 임명되었는데, 이지함이 후대에 포천현감이 된 것을 보면[36] 두 사람 사이에 깊은 인연이 있었음을 알 수 있다.

제3부

이지함, 그를 둘러싼 인물들

해안의 유랑자

이지함이 주로 활동했던 곳은 출생지인 충청도 보령과 만년에 근거지로 삼았던 서울 마포를 연결하는 곳이었다.[1] 특히 고향인 보령은 친가·외가를 아울러 그의 일족이 크게 이름을 떨친 곳이었다.[2] 영조대에 편찬된 『여지도서輿地圖書』의 충청도 보령 인물조에는 이지함의 외가 인물로 장인인 김맹권과 그 아들 김극양, 증손 김백간을 비롯해 부계 인물로 이치·이지번·이지함·이산보·이산해 등의 이름이 기록되어 있다. 이 지역에서 이지함 가문의 위상을 짐작케 하는 부분이다. 이지함은 아산과 포천에서 잠시 현감을 지내기도 했으나 주로 충청도와 마포 일대에서 활동했다. 워낙 유랑하기를 좋아해 배를 타고 제주도에도 세 번이나 들어간 적이 있다고 한다.[3]

그가 거처했던 마포의 토정은 서해와 통해 팔도의 배가 모이는 곳이

19세기 서울지역을 그린 경강부임진도(부분). 한강변 마을 한 곳에서 이지함의 호 '토정土亭'을 딴 지명을 볼 수 있다.

었으며,[4] 이지함은 배를 타는 데 익숙해 해상을 두루 돌아다녔다. 여러 자료에서 볼 때 이지함의 행적을 설명하는 데 있어서 불가분하게 관계 있는 용어는 '해상海上'이다. 이지함 스스로도 자신을 '해상에 사는 광민狂珉'으로 표현했으며,[5] 제자인 조헌은 '해우海隅'에 은거한 이지함을 찾아가 학문을 배웠다고 했다.[6] 실록의 기록에는 이지함이 '안명세의 처형을 보고 해도를 돌아다니며 미치광이로 세상을 피했다'[7]고 기록해 이지함과 바다·섬은 불가분의 관계에 있었음을 공식적으로 기록했다.

이지함이 어렸을 때 어머니의 장지가 해안 가까이에 있어 조수가 밀려옴을 걱정해 옮겼다는 기록이나,[8] 성품이 배타기를 좋아하고[9] 항해 중에 조수의 흐름을 알아 위험을 만나지 않았다는 기록,[10] 어염漁鹽 등 해상 경제에 대한 가치를 강조하는 정책을 제시한 것[11] 등은 그의 해안적 기반을 여러 측면에서 알려준다. 이이가 이지함의 제문을 쓰면서 '수선水仙'이라고 표현한 것도[12] 같은 맥락에서 이해할 수 있다.

조헌은 안면도를 지나면서 안명세의 옥사獄事를 슬퍼한 이지함을 회고했으며,[13] 『해동이적』에는 이지함이 마포에서 배를 타고 잠깐 동안 한 섬에 정박했다는 기사가 보이는데,[14] 이로써 그가 인근 섬지역에도 자주 찾아간 것으로 여겨진다. 이지함이 상소문을 통하여 '전라도 만경현에 있는 섬 양초洋草를 포천에 소속시켜 이곳에서 고기를 잡아 곡식으로 바꾸자'는 주장을 하는 등 섬의 경제적 가치를 주목한 것에는[15] 섬지역을 답사한 경험이 큰 바탕이 되었을 것으로 여겨진다. 조선시대

학자들이 자신의 정치적 이상을 실현할 장소로 섬에 관심을 둔 것은 『홍길동전』의 율도국 건설이나, 『허생전』의 삼봉도 등에서도 나타난다. 윤선도는 만년에 보길도에 은거하면서 「어부사시사」와 같은 가사문학 작품을 남겼다.

　조선중기 처사형 삶을 살아간 대표적인 학자이자 이지함과 교분을 유지한 조식과 서경덕의 행적에서도 해안적 기반이 발견된다. 조식은 30세부터 17년간 처가가 있는 김해에서 생활했다. 조헌의 상소문에서도 조식이 '해우海隅*'에 은거했음을 표현하고 있다.[16] 서경덕의 거처인 개성 또한 임진강을 통해 서해안과 통교가 쉬운 지역이며, 특히 서경덕의 문인 중에는 해안지역을 근거지로 한 다양한 제자들이 배출되었다. 조식과 서경덕의 문인들이 주축이 된 북인의 학문과 사상에 농촌 중심의 경제질서에만 집착하지 않고 상업이나 유통경제에 관심을 두는 측면이 많아 나타나는 것 역시 해안적인 기반과 상당한 관련이 있다.

---

* 바닷가 모퉁이.

이지함의 스승, 서경덕

전국을 두루 돌아다니는 방랑벽과 신분에 구애받지 않고 민중에게 다가서는 이지함의 친숙한 이미지는 양반 사대부뿐만 아니라 일반 백성과의 폭넓은 교유관계를 형성하는 데 주요한 기반이 되었다. 이지함은 학도學徒들과 함께 다닐 때마다 경서와 역사에 대해 질문을 했다고 하며,[17] 실록에서도 '평소 욕심을 내지 않고 고통을 견뎠고, 짚신에 죽립 차림으로 걸어서 사방을 돌아다니며 학문과 명성·절개가 있는 선비들과 교유했'고 기록하고 있다.[18] 이지함은 혼자만의 유랑을 즐기기도 했으나, 그 교유 범위가 결코 좁지만은 않았던 것이다.

이지함의 학문을 이해하려면 먼저 그의 스승인 서경덕의 학풍과 현실관을 주목할 필요가 있다. 1682년(숙종 8) 박세채朴世采가 편찬한 『동유사우록東儒師友錄』에는 「화담선생문인」 19명 중에 이지함의 이름이 포함되어 있고, 1924년에 강효석姜斅錫이 편집한 『전고대방典故大方』에도 '화담 서경덕 문인'으로 분류되어 있다.

서경덕은 개방적인 신분관을 지녔을 뿐만 아니라 다양한 학문을 포용하고 흡수하였는데, 이런 면모는 제자인 이지함에게도 이어졌다고 볼 수 있다. 서경덕은 개성에서 태어나 자라면서 개성 특유의 정서와 학풍을 대변하는 학자로 자리매김했다. 개성은 고려 왕조의 수도로서 조선시대에 들어와 정치적으로는 탄압을 받았지만, 학문적 전통과 기반은 그대로 유지되었다. 반면 학문적 분위기는 개방적인 지역 정서와 맞물려 성리학 이외에 도가 등 다양한 사상이 유행했다. 구왕조의 수도로 학문과 문화의 진수를 계승했다는 점, 서울과 근접한 지역으로서 일찍부터 교통과 상업이 발달하고 중국 사신의 왕래가 빈번한 곳이었기에 학문적 정보 교환이 용이한 지역이었다는 점 등은 개성이 학문적 성지로 발달할 수 있는 디딤돌이 되었다. 특히 서울을 중심으로 경기 북부인 고양·장단·개성 등은 육로뿐만 아니라 임진강·한강 등 수로 교통의 발달로 서울과 교통이 용이하여 하나의 학문 교유권을 형성하는 지역이었다. 바로 이러한 기반 위에서 서경덕과 같은 대학자가 탄생할 수 있었다.

16세기 개성지역의 분위기를 보여주는 자료로는 1648년(인조 26)에 김육金堉 등이 편집한 『송도지』가 있다. 이 책에서 개성의 특징이 부각되어 있는 항목은 토속土俗조인데, 특히 상업적 면모를 보여주는 자료들이 주목할 만하다. 남자가 10세가 되면 행상에 종사한다거나 사람들

개성시 선죽동 자남산 아래에 자리잡고 있는 숭양서원. 1573년(선조 6) 개성유수 남응운南應雲이 정몽주의 충절을 기리고 서경덕의 학덕을 추모하기 위해 개성 선죽교 위쪽 정몽주의 집터에 서원을 세우고 문충당文忠堂이라 이름하였다.

은 상업을 업으로 삼으며 본전本錢이 없으면 대출貸出하여 사용한다는 것 등의 내용은 바로 이 지역에서 상업이 매우 활발했음을 보여주는 사례다.

16세기의 학자 이덕형李德泂(1566~1645)은 「송도기이松都記異」에서 개성 지방을 가리켜 '세대가 멀어져서 고려조의 남은 풍속이 변하고 바뀌어 거의 없어졌는데 오직 장사하고 이익을 추구하는 습관은 전에 비하여 더욱 성해졌다. 그런 까닭에 백성들의 넉넉한 것과 물자의 풍부한 것이 가히 우리나라에서 제일이라 하겠다. 상가의 풍속은 저울눈을 가지고 다투므로 사기로 소송하는 것이 많을 듯한데도 순후한 운치가 지금까지 오히려 남아 있어서 문서 처리할 것이 얼마 되지 않았다' 라고 했는데, 당시 개성의 상업적 분위기를 짐작할 수 있는 대목이다. 「송도기이」에는 서경덕 · 차식 · 안경창 · 황진이 · 차천로 · 한호 · 임제 등 송도 출신 인사들에 얽힌 일화들이 주로 수록되어 있으며, 개성지역의 상업적 분위기와 무과 출신자가 많다는 내용 등이 주목된다. 이러한 분위기가 형성된 데에는 조선 건국 후 개성이 고려 왕조의 수도였다는 점 때문에 받은 지역적 차별도 한몫했을 것이다.

실록의 기록에도 서울에 사는 사람과 개성부의 장사치들이 의주 사람들과 왕래하며 멋대로 무역을 한 것이 매우 많다는 내용이 있으며, 개성부의 주민들은 모두가 장사하는 사람들로서 괴로움을 견디고 행실을 익히며 하는 일에 근면하여 경성의 시정市井 사람과는 다른 점이 있다고 기록하고 있다.

강세황, 송도전경, 《송도기행첩》, 지본담채, 32.8×53.4cm, 1757년경, 국립중앙박물관 소장.

개성에서는 우리가 너무 잘 알고 있는 유명 인물들이 여럿 나왔다는 점도 눈에 띈다. 서경덕을 비롯하여 신이한 도술능력의 소유자 전우치, 기생이라는 신분적인 한계에도 불구하고 당대의 명사들과 학문을 교유했던 황진이. 황진이는 서경덕과의 스캔들로도 유명했다. 이외에 조선중기 서예의 최고봉 한호가 모두 개성 출신이다. 이들은 모두 재미있는 일화들을 남기면서 민중 속에 그 이름을 깊게 각인시켰다.

조선중기의 대표적 학자 허균은 아버지 허엽이 서경덕의 수제자라는 인연 때문에 개성에 관심이 많았다. 허균은 '송도는 산수가 웅장하고 꾸불꾸불 돌아서 인재가 무리지어 나왔다. 화담의 학문은 조선에서 첫째이고 석봉의 필법은 내외에 이름을 떨쳤으며, 근일에는 차씨의 부자 형제가 또한 문장으로 명망이 있다. 황진이 또한 여자 중에 빼어났다'고 하여 개성에 빼어난 인물이 많았음을 칭송했다.

대개 유명 인물들은 출생을 비롯한 어린 시절의 행적과 일화가 전해진다. 그 대부분은 지역을 중심으로 한 일화인데, 16세기 전반 이황과 함께 영남학파의 양대 산맥을 이뤘던 남명 조식曺植(1501~1572)에 관한 이야기가 그가 활동했던 진주·합천 등지에 널리 전해지고 있는 것이 좋은 예다. 반면 개성 출신 인물의 일화는 그야말로 전국적으로 전파되었다는 점에서 차이가 있다. 이들이 전국적으로 유명해진 까닭은 무엇일까? 그 답의 단서는 개성의 상업 발달과 긴밀한 관련이 있다.

개성의 상업적 분위기는 수많은 행상을 낳았고, 거주지로부터 이동이 자유롭지 못했던 타지역과 달리 개성상인들은 상행위를 위해 여러 곳으로 이동하며 다녔다. 개성에서 여인들이 화초 가꾸기를 즐긴 것도 남편이 타지역에서 행상하는 일이 빈번해 외로움을 이기기 위한 것이었다.

전국을 떠돌아다녔던 개성상인들이 자기 지역에서 배출된 서경덕이나 황진이, 전우치, 한석봉의 이야기를 곳곳에 전파시켰을 가능성은 매우 크다. 요즈음에는 그리 흔하지 않지만 1970년대까지만 해도 언론의 혜택을 입지 못한 외딴지역에서는 동네를 돌아다니던 화장품 외판 아줌마들이나 동네 엿장수들이 곳곳의 소식을 전해주는 전령이지 않았던가? 이처럼 개성의 인물들이 전국구 인물로 널리 알려지게 된 데에는 상인들이 큰 몫을 했을 것이다. 개성 특유의 자유스럽고 개방적인 정서, 특히 상업이 일찍 발달한 도시라는 점을 고려하면 서경덕의 학문을 계승한 이지함에게서 적극적인 상업 중시 사상이 나오는 것도 자연스러운 흐름으로 여겨진다.

과단성을 소유한 학자, 조식

16세기 서경덕과 비슷한 학풍과 현실관을 지녔던 학자로는 남명 조식을 들 수 있다. 그런 인연 때문인지 이지함이 스승인 서경덕을 매개로 하여 조식과 만남을 가졌던 사실이 몇몇 자료에서 발견된다. 조식·서경덕·이지함이 함께 자리를 했던 것은 『연려실기술』과 성제원의 문집인 『동주집』에서 확인할 수 있다. 지역적으로 멀리 떨어져 있었지만 이들은 뜻이 맞았다. 조식은 성성자라는 방울과 함께 경의검敬義劍이라는 칼을 항상 몸에 차고 다닐 정도로 과단성을 소유한 학자였다. 처사의 길을 스스로 선택했음에도 정치에 문제점이 있다고 판단되면 날카롭고 직선적인 언어로 가차 없이 비판을 가했다. 이러한 강한 성향의 학자와 이지함이 서로 잘 통했다는 것으로 미루어 이지함 역시 개성파 학자였음을 짐작할 수 있다.

보은을 거점으로 활약한 처사형 학자 성제원과 이지함의 교분은 19세기의 학자 이유원이 저술한 『임하필기』에서도 찾을 수 있다. 이 책에는 '동주 성제원이 일찍이 토정 이지함과 함께 신준미申遵美를 방문하여 조촐한 술자리를 벌였다' 라는 기록이 보인다.

조식은 평소에도 국방과 무예의 중요성을 강조하여 그의 문하에서 정인홍, 곽재우, 조종도 등 임진왜란 당시 최대의 의병장이 배출되었다. 조식은 30세에서 48세에는 처가인 김해에서 생활하면서 왜구의 침략 가능성을 늘 경계했다. 해안적인 기반이 두드러지는 점 역시 이지함과 조식의 공통점이다.

조식은 성리학의 이론적인 측면보다는 실천적인 측면에 보다 중점을 두었다. 그리고 외척정치에서 파생하는 문제점을 날카롭게 비판하였다. 1555년에 올린 「을묘사직소」가 대표적인 상소문이다. 성리학 이외의 다양한 사상에 대한 관심, 학문에서의 실천성 강조, 상소문을 통한 개혁 의지 제시 등은 이지함의 그것과 매우 닮아 있다. 이러한 공통된 성향이 이지함과 조식의 만남을 가능하게 했을 것이다.

이지함과 조식이 교유하면서 남긴 일화는 『토정유고』의 「유사遺事」를 비롯하여 각종 야사류의 기록에도 나타나고 있어 이들의 친분이 당대에도 널리 회자했음을 알 수 있다. 이지함은 남쪽 지방을 유람할 때 은거 중이던 조식을 찾았으며,[19] 조식은 멀리서 온 이지함을 극진히 대접하고 '자네의 풍골風骨을 어찌 모르겠는가?' 라고 하였다. 그만큼 두 사람은 서로 존숭하는 사이였다. 이지함은 관상을 보는 사람이 찾아왔을 때 조식의 죽음을 예언했다고도 하는데,[20] 여기서 이지함이 점술에 일가견이 있었음을 알 수 있다.

  조식과 이지함은 훗날 북인 학파의 원류가 되었다. 그들이 지향한 사상적 개방성과 절충적인 경향은 성리학이 이론적인 측면으로만 빠지는 흐름에 대해 일정한 중심을 잡아준 것으로 평가를 받고 있다.

『석담일기』의 저자, 이이

조선시대를 대표하는 학자 이이와도 이지함은 친분을 유지했다. 이이가 이지함에 대하여 '기화이초奇花異草'라는 말로 표현한 것에서도 둘 사이에 상당한 교분이 있었음을 알 수 있다. 이이의 『석담일기』에도 이지함은 자주 등장한다. 1573년 5월 이지함이 최영경, 정인홍, 조목, 김천일 등과 함께 이조의 천거를 받았을 때 이이는 이지함의 행적에 대해 아래와 같이 기록했다.

이지함은 기개와 도량이 범인과 다르고 효도와 우애가 남보다 뛰어났다. 젊을 때에 해변 후미진 곳에다 부모를 장사시켰더니 조수潮水가 차차 들어왔다. 오랜 세월 후에는 바닷물이 반드시 분묘를 쓸어갈 것으로 염려하여 제방을 쌓아 물을 막으려고 곡식을 식리殖利하고 자재資財를 모으는 데 매우 근면하였다. 사람들이 힘을 헤아리지 않고 일을 계획함을 조롱하였더니 이지함이 말하기를, '인력이 미치고 못 미치고는 내가 힘을 쓸 일이요 일이 되고 아니 되는 것은 하늘에 있다. 자식이 되어 어찌 힘이 부족하다고 후환을 막으려 하지 아니하랴' 하였다. 바다의 어귀가 넓어서 성공하지는 못했으나 지함의 정성은 그치지 않았다. 본래 욕심이 없어 명리名利와 성색聲色에는 담담하였으나 이따금 점잖지 못하게 농담도 하니, 남들이 그가 공부한 것을 알 수가 없었다.

이지함이 포천현감을 사직하자 이이는 다시 『석담일기』(1574년 8월)에 그 일을 적었다.

포천현감 이지함이 벼슬을 버리고 돌아갔다. 이지함은 포천에 곡식이 적어서 민생을 구제할 수 없음을 걱정하고, 어량魚梁을 떼어 받아 고기를 잡아 곡식과 바꾸어 고을 비용에 보태려 하였으나 조정에서 듣지 않았다. 이지함은 본시 고을 원으로 오래 있을 생각은 없었고 다만 유희로 있었을 뿐이기 때문에 그런 일이 있자 곧 관직을 버리고 돌아간 것이다.

이 기록을 보면 이이는 이지함에게 지방 관직자의 신분이 어울리지 않았다고 평가하고 있다. 특히 '다만 유희로 있었을 뿐'이라는 지적에서 이이가 이지함에게 큰 호감을 보이지 않았음을 볼 수 있다. 전형적인 모범생 이이에게 기인적인 기질의 이지함을 쉽게 수용할 수 없는 부분이 있었을 것이다.

1578년 3월의 『석담일기』에는 이지함과 이이가 대화하는 내용이 나오는데, 이 기록에서 두 사람의 친분관계를 엿볼 수 있다.

이지함이 좌우를 돌아보며 큰 소리로 말하기를 '성현이 하신 일도 후폐後弊를 만들었다' 하니, 이이가 웃으며 말하기를 '무슨 기담奇談을 이렇게까지 하시오. 내가 늘 원하는 것은 존장尊丈께서 한 글을 지으셔서 장자莊子의 짝을 지우시는 것입니다' 하였다. 이지함이 웃으며 말하기를 '공자께서 병을 핑계하고 유비를 보지 않았으며, 맹자가 병을 핑계하여 제왕齊王이 부르는데도 가지 않았기 때문에 후세의 선비들이 없는 병도 있다 하니, 병을 핑계로 사람을 속이는 것은 남의 집 게으른 종과 머슴들이 하는 짓인데 선비로서 차마 이런 짓을 하면서 공자·맹자가 하던 일이라 하니 어찌 성현이 하신 일이 후폐가 되지 않았는가. 내가 어찌 장자의 말을 하리요' 하였다. 온 좌중이 웃었다. 이때에 이이가 병을 핑계하여 장차 대사간을 사면하려는 까닭으로 이지함이 이런 말을 한 것이다.

이지함이 또 말하기를 '지난해의 요성妖星을 나는 서성瑞星이라 생각한다' 하니 이이가 그것이 무슨 말이냐고 물었다. 이지함이 말하기를 '인심과 세도가 극도로 무너지고 흩어져 장차 큰 변고가 생기려고 하였는데, 이 별이 나타난 뒤로부터 상하가 두려워하고 인심이 조금 달라졌으니 어찌 상서로운 별이 아니겠소' 하였다.

또 여러 명사들에게 이야기하기를 '지금의 시사時事는 사람의 원기가 이미

패한 것 같아서 손을 대어 구제할 길이 없다. 단지 한 가지 계책이 있으니 위망한 이 형세를 구할 수 있는 것이다' 하였다. 좌객이 그 기이한 방책을 물으니 이지함이 말하기를 '지금 세상은 필시 이를 쓰지 않을 것이니 어찌 말하리오' 하였다. 자리에 있던 손님이 간절히 내용을 물으니 한참 있다가 말하기를 '오늘날 숙헌(이이의 자)이 조정에 머물러 있으면 크게 일을 하지는 못할망정 필시 위태로워 망하는 지경까지 이르지는 않을 것이니, 이것이 곧 기책이오. 이것 이외에 무슨 계책이 있겠는가. 초楚와 한韓이 서로 겨룰 적에는 한신韓信을 얻은 것이 기책인 셈이었고, 관중關中이 막 평정되었을 때에는 소하蕭何를 임용한 것이 기책이었다. 소하·한신을 얻은 뒤에는 다른 계책을 할 필요가 있겠는가' 하자, 좌중이 모두 웃었다. 이지함의 말이 비록 해학이 있으나 식자는 적확한 말이라 생각하였다.

이지함은 이이가 낙향하려 할 때도 문제를 제기했다. 이이가 고향으로 돌아간다 하자 이를 나무라며 이렇게 말했다. "부모의 병이 몹시 중하여 아들이 약을 받들어 올리는데 병석의 부모가 몹시 쇠하여 약사발을 땅바닥에 내던지고 때때로 아들의 얼굴에다가 던지기도 하여 그 코나 눈을 다치게 하면, 자식 된 자는 장차 물러가야 되겠소 아니면 눈물을 흘리면서 어서 약을 드시라고 권해야겠소? 이로써 그대의 시비를 알 수 있는 셈이오" 하였다.

이지함은 위기에 빠진 현실을 외면하지 말 것을 이이에게 요청한 것이다. 그러나 이이는 이를 거절하였다. 이이는 "말은 매우 절실하나 다만 군신과 부자는 차이가 있지 않겠소. 만일 존장尊丈의 말씀 같으면 인신이 어찌 물러갈 의리가 있겠소"라고 답하였다.

1578년 6월의 『석담일기』에는 이지함의 사망 소식이 실려 있다. 그런데 이 부분에 이지함과 기생의 관계가 잠깐 언급되고 있어 흥미롭다.

> 아산현감 이지함이 죽었다. (…) 하루는 이지함이 표연히 제주에 들어갔는데 제주목사가 그 이름을 듣고 객관客館으로 환영하고 아름다운 기생을 선택하여 같이 자게 하고 창고의 곡식을 가리키며 기생에게 말하기를 '네가 만약 이군에게 사랑을 받으면 이 창고 하나를 상으로 주겠다' 하였다. 기생이 이지함의 위인을 이상하게 여기고 꼭 그를 유혹하려고 밤에 갖은 애교를 다 부렸으나 이지함이 끝내 끌리지 않으니 목사가 더욱 존경하였다.

이 부분은 주인공만 바뀌었을 뿐 마치 황진이가 서경덕을 유혹하려고 온갖 방법을 썼지만 결국은 성공하지 못했다는 일화와 유사하다. 이지함은 성색聲色에 초월했던 스승 서경덕과 이런 점에서조차 닮았던 것이다.

김계휘가 이지함이 어떤 사람인가를 묻자 이이가 답했던 내용도 흥미를 끈다.

> 김계휘가 이지함을 제갈량에 비하면서 과연 어떠한가? 하고 물으니, 이이가 답하기를 '토정은 적용適用될 인재가 아니다. 어찌 제갈량에 비하리요. 물

건에 비유하면 기화이초奇花異草와 진금괴석珍禽怪石 같고 포백布帛이나 숙속菽粟*은 아니다' 하였다. 이지함이 이 말을 듣고 웃으며 말하기를 '내가 비록 숙속은 아니나 도토리나 밤 등의 속은 못 되겠는가. 어찌 전혀 쓸 곳이 없단 말인가' 하였다고 한다.

이지함은 이이와 허물없이 대화를 나누는 사이였지만, 이이는 이지함에 대해 그리 긍정적인 평가를 내리지는 않은 듯하다. 이지함을 두고 '기화이초'니 '진금괴석'이니 한 것에서 이이의 속내를 알 수 있을 법하다.

'영원한 모범생' 이이와 '영원한 방랑자' 이지함, 두 사람 사이의 틈은 이처럼 넓었던 것이다.

* 콩과 벼로 사람이 상식하는 곡식을 말함.

북·서의 유일遺逸들

이지함은 조선중기를 대표하는 서경덕·조식·이이 외에도 여러 학자들과 친분을 쌓았다. 그 인물들은 정파政派로는 크게 북인계와 서인계 학자로 나눌 수 있다. 『토정유고』의 서문은 이지함의 교유관계에 대해 박순·고경명·이이·성혼·윤두수·정철 등 서인계 인물과의 교유가 주축이었던 것처럼 기록하고 있지만,[21] 이것은 서문의 찬자인 정호鄭澔(1648~1736)의 당색이 서인이라는 점도 반영된 결과로 보인다. 정호는 정철의 후손으로 송시열의 문인이었으며, 숙종대에 노론의 핵심 인물로 활약했다.

이지함이 이이·성혼·송익필 등 서인계 인물과 교분이 두터웠던 것은 충청도와 서울을 생활권으로 한 그의 지역적 기반과도 관련이 있어 보인다. 동인과 서인의 분당이 이루어질 당시 동인에는 영남지역,

서인에는 기호지역 인사들이 주로 참여했다. 지역적 기반이 붕당정치 형성에 주요 변수로 작용한 셈인데, 이러한 흐름은 현대 정치사에까지 이어져 '상도동계' '동교동계' 등 정치적 보스의 거주지를 딴 명칭이 자주 사용되어왔다. 이지함의 졸기에는 이이와 가장 친했다고 기록되어 있으나,[22] 앞서 언급했듯 이이도 그렇게 생각했는가의 여부는 좀 달라질 수 있다.

이지함은 이이를 당시의 어려운 현실 문제를 극복하게 해줄 인물로 평가했으며, 그의 문인인 조헌도 이이·성혼·송익필과 이지함의 교분을 자주 언급했다. 이이·성혼·송익필은 이후 서인의 학문적 영수가 되는 이들로, 이지함은 지역적 기반과 관련하여 서인 학자들과도 일정한 교류를 형성했다고 볼 수 있다.

북인이 주축이 되어 쓰여진 『선조실록』에는 이지함의 졸기가 없는데 반해, 서인들이 주축이 되어 쓴 『선조수정실록』에는 이지함의 졸기가 자세히 기록되어 있다는 점에서도 서인 내부에서 이지함에 대한 평가가 어떠했는가를 엿볼 수 있다. 『선조실록』과 『선조수정실록』은 붕당정치가 전개되면서 당색의 입장에 따라 실록의 수정본이 편찬된 첫 사례인데, 특히 인물 평가에 차이점이 많은 것이 특징이다. 예를 들어 서인의 학문적·정치적 영수로 추대된 이이 졸기卒記의 경우 『선조실록』에는 '이이가 사망하였다'고 단 한 줄로만 기록된 데 비하여, 같은 날 『선조수정실록』에는 이이의 어린 시절부터의 행적과 성품을 여러 면에 걸쳐 할애하고 있다. 그만큼 이이를 보는 북인과 서인의 시각은 차이가

났다. 이러한 점을 고려하면 이지함의 졸기가 『선조수정실록』에 자세히 기록되어 있는 것에서 이지함과 이이·성혼을 비롯한 서인과의 인연도 적지 않았음을 알 수 있다. 이지함이 서인인 이항복李恒福(1556~1618)이나 한준겸韓浚謙(1557~1627)과 친분을 맺은 기록도 있다. 1576년 겨울에 이항복과 한준겸은 함께 사마시 초시에 합격한 후 2차 시험인 복시覆試에 대비하면서 마포에 사는 이지함을 찾아와 아침저녁으로 이야기를 들었다고 하는데, 그만큼 이지함은 학문적인 명성을 떨치고 있었다.

17세기의 학자 허목이 도가적 성향을 기록한 『기언』의 「청사열전」에는 이지함과 정두의 교유관계가 기록되어 있다.

> 동산옹東山翁 정두鄭斗는 본관은 진주이며 진주 동산에 살았기 때문에 동산옹이라고 불렸다. 성품은 효성이 지극했으며, 숨어 살면서 세상에 드러나고자 하지 않았다. 평생 허물을 숨기고 명예를 위하는 것을 수치로 여겼으며, 남들과 더불어 세속을 잘 따르므로 사람들이 기이하게 여기지 않는 자가 없었다. 이지함이 남방에 유람했을 적에 은거 중이던 조식을 찾아본 다음 다시 동산옹을 찾아보고 '고사高士로다. 낙동강 오른쪽에는 이 한 사람이 있을 뿐이로다' 라고 칭찬했다고 한다.

이러한 기록에서도 이지함이 경상도 지역 일사逸士들과도 두루 친분을 유지하는 등, 전국을 유람하는 과정에서 당대의 명사들과 친분을 쌓았음을 알 수 있다.

수정본 실록의 편찬

조선왕조실록의 편찬 과정에서 실록을 수정한 것이 크게 네 번이 되는데, 왜 수정본 실록이 존재했던 것일까?『선조실록』과『선조수정실록』,『현종실록』과『현종개수실록』,『경종실록』과『경종수정실록』및 독립된 수정실록의 모습을 갖추지는 못했지만『숙종실록』의 내용을 수정 보완하는 형식으로『숙종실록』의 말미에 첨부한 숙종실록보궐정오가 있다. 수정본 실록이 존재하였던 가장 큰 이유는 조선중기 이후 붕당정치가 심화되었기 때문이다.

실록은 전임 왕에 관한 기록이므로 후대의 왕 시절 집권 세력에 의해 편찬되었다. 그런데 붕당정치가 가속화되면서 정파 간의 권력 교체가 있게 되고, 새로 권력을 잡은 붕당은 반대파들에 의해 쓰여진 실록의 내용이 못마땅하였다. 이것이 수정본 실록의 편찬 배경이다.

최초의 수정은 인조대에 이루어졌다. 인조는 서인들이 주도한 반정으로 즉위했기에 집권 세력은 서인이었다. 그런데 서인들이 타도한 광해군대의 집권 세력인 북인들이 편찬한『선조실록』은 서인들 입장에서는 너무나 불만스러웠다. 인조 원년 경연에서 서인들이 중심이 되어『선조실록』과 광해군대의 시정기를 수정하자고 제안했던 것은 이러한 인식의 반영이었다.

그러나 기존의 실록을 없애고 새로 실록을 쓴다는 것은 전례도 없거니와 자신들의 정치적 입장에 의한 편찬이라는 비난을 살 것이 분명했다. 이에 기존의 『선조실록』은 그대로 두고 『선조실록』의 내용을 수정·보완한 형태의 『선조수정실록』을 만들어 두 가지 형태를 후대에 그대로 보존하게 했던 것이다.

북인들에 의해 편찬된 『선조실록』에는 북인의 행적을 긍정적으로 평가하고 서인 측 인사에 대해서는 부정적으로 평가하는 경향이 컸다. 한 예

조선왕조실록 중 『선조실록』과 『선조수정실록』.

로서 서인의 학문적 영수로 활약했던 이이와 정철에 관한 줄기를 보면 북인들의 실록 편찬의 일단을 볼 수가 있다. 즉 『선조실록』에는 이이의 죽음에 대하여 '이이졸李珥卒'이라는 단 세 글자로 기록하여 아무런 의미도 표현하지 않았던 것에 반해, 서인들에 의해 편찬된 『선조수정실록』에는 이이가 죽은 날 그의 인품, 학문적 성취, 교유 및 사승관계 등에 대해 자세히 언급하고 있다.

인조대에 만들어진 수정본 실록의 전통은 조선후기 특히 붕당정치가 치열하게 전개되었던 것과 연결되면서 몇 차례 이어진다. 『현종실록』은 숙종 초반인 1677년(숙종 3)에 허적·권대운 등 남인이 중심이 되어 완성했으나, 1680년 경신환국으로 집권한 서인은 남인들의 정치적 입장이 강하게 반영된 실록의 개수 작업에 착수하여 1683년 『현종개수실록』을 완성했다. 『경종실록』은 영조대 초반 정권을 잡은 소론의 주도로 편찬되었으나 이에 불만을 품은 노론은 1778년(정조 2)에 수정실록을 완성했다.

이처럼 수정실록의 편찬 배경에는 정파 간의 시각차가 있었음은 확실하다. 그러나 수정본 실록을 편찬한 후에도 기존의 실록을 없애지 않고 그대

로 보존하여 후대에 역사적 평가를 바라는 기록 중시의 전통은 여전히 확립시켜나간 것을 볼 수 있다. 결국 한 왕대에 두 종류의 실록이 존재한 것에서 붕당정치의 격화라는 시대적 상황과 함께 반대 정파에 의해 작성된 기록까지 없애지 않아 그 평가를 후대인들의 몫으로 남겨두었던 점은 주목된다. 이지함에 관한 기록은 실록에 많이 나타나지는 않는다. 그러나 『선조실록』과 『선조수정실록』에 단편적으로 나타나는 그에 관한 기록을 서로 비교해 보는 것도 의미가 있을 것이다.

제4부

이지함의 문인들과 인재론

이지함의 문인 1: '이지함 맨' 조헌

이지함은 후생을 가르치기 좋아했으며, 그의 명성을 듣고는 많은 사람이 몰려왔다. 그중에서도 가장 핵심적인 인물은 조헌趙憲(1544~1592)과 서기다. 조헌은 상소문에서 '이지함은 제자들을 가르치고 깨우치는 데 더욱 힘을 기울였다. 이산보李山甫(이지함의 조카)의 효우충신孝友忠信과 박춘무朴春茂의 염정자수恬靜自守가 모두 이지함에게서 근원하였으며, 심지어 서기 같은 사람은 천민 출신으로 가난하여 학문에 전념하지 못하자 재물을 아끼지 않고 도와주어 성취시켰다'라고 하여[1] 제자들을 기르는 데 힘을 기울인 이지함의 열정을 소개하기도 했다.

조헌은 이지함을 가장 존경하는 스승으로 받들었다. 이지함 또한 조헌이 동인과 서인의 분립 과정에서 과격한 언론으로 말미암아 정치적인 어려움을 겪자 '지금 세상에 초야에서 인재를 보기가 드문데 조헌만은 안빈낙도하여 명예와 이익을 버리고 지극한 정성으로 임금을 사랑하며 나라를 걱정하고 있으니, 옛날 사람 중에서 찾는다고 해도 실제로 그와 짝할 만한 이가 드물다. 이 사람을 빼놓고 나는 다른 사람을 모른다' 하면서 조헌을 극구 칭찬했다. 이 말에 대하여 혹자는 이지함이 잘못 평가를 내렸다고 했지만 이지함은 '후에 응당 알게 될 것이니 자신의 말을 기억하라'² 고 되받았다.

조헌은 상소문을 통해서도 스승인 이지함이 국가적으로 치제致祭를 해야 할 인물임을 역설했다. 『선조수정실록』에 기록된 이 글에서는 조헌이 스승 이지함에 대해 얼마나 존경의 마음을 갖고 있었던가가 여실히 드러나고 있다.

우리나라는 조종조 이래로 길재吉再를 가장 가상嘉獎하고 정몽주鄭夢周에게 관작을 추증하였으며, 성조聖朝에 이르러서는 특별히 김굉필・정여창・조광조・이언적 등에게 시호를 내리고, 서경덕・조식・성운・박훈까지 모두 치제致祭하였으니, 유림을 격려한 뜻이 매우 극진하였습니다. 그런데 유독 이지함이 세상에 행한 우뚝한 행실에 대해서만은 혜택이 미치지 않았으니, 궁벽한 고을의 어린 선비들을 어떻게 권면할 수 있겠습니까?

이지함의 사람됨은 타고난 자질이 기위奇偉하고 효성과 우애는 타인의 추종을 불허하였습니다. 형 지번이 서울에서 병이 들었다는 소식을 듣고 보령에서 걸어 상경하면서 조금도 노고를 꺼리지 않았고, 형에게 스승의 도리가 있다 하여 삼년상을 치렀습니다. 또한 선과 의를 좋아하는 마음은 천성에서 우러나와 행실이 뛰어난 자가 있다는 소문을 들으면 천 리를 멀다 않고 찾아가보았고 안명세의 죽음에 대하여 평생 동안 슬퍼하였습니다.
은둔생활을 한 조식과 더불어 정신적인 교제를 매우 돈독히 하였으며, 성혼·이이를 가장 공경하고 존중했고, 정철의 강직한 성품에 대하여 평소 칭찬을 아끼지 않았습니다. 더욱이 후생을 가르치기를 좋아하여 이산보李山甫의 효우충신孝友忠信과 박춘무朴春茂의 염정자수恬靜自守가 모두 그에게서 근원한 것입니다. 심지어 서기 같은 이는 하천의 출신으로서 가난하여 학문에 전력하지 못하자 재물을 아끼지 않고 도와주어 성취시켰습니다(『선조수정실록』, 선조 19년 10월 1일(임술)).

이지함은 지방관으로서 자신의 탁월한 능력과 함께 자신과 같은 인물에 대한 국가적인 제사를 통해 그를 오래도록 기억하자는 제의를 하고 있다. 상소문의 기록을 다시 보자.

만년에 부름에 응하여 두 고을에 수령으로 나가서는 박봉을 털어 아랫사람을 도와주고, 폐단을 제거하여 곤궁한 백성을 구제하는 데 있어 모두 원대한 계획을 수립하였습니다. 또한 간인姦人과 이속吏屬을 단속하는 데 있어 사납게 하지 않아도 저절로 규율이 잡혔으므로 한 고을이 모두 그의 신명神明스러움을 칭송하였습니다. 항상 한 사람이라도 제 살 곳을 잃게 될까 두려워하였으니 이윤伊尹이 뜻한 바를 지향한 것이고, 털끝만큼이라도 자신의 오욕을 허용하지 않았으니 참으로 동방의 백이伯夷라 일컬을 것입니다. 또한 고을의 학교에서 문무의 재능을 겸비한 인재를 길러 국가의 쓰임에 대비하였으니, 그 계획과 재능은 은연중 공맹孔孟의 풍도風度가 드러났습니다. 그런데 불행히 아산牙山에서 병사하자, 그곳 백성들은 노소를 막론하고 마치 부모의 상을 당한 것처럼 슬퍼하여 거리를 가로막고 울부짖으며 다투어 고기와 술로 제사를 올렸습니다. 그가 거짓 미치광이로 행세하며 자신을 은폐한 것은 화를 피하기 위함이었고, 밝은 시대에는 벼슬길에 나아가 쓰였으니, 오로지 세상을 숨어 산 것은 아닙니다.
만약 조식·박훈의 관례에 따라 관작을 추증하고 치제함으로써 각박해진 풍속을 두텁게 하며 나약한 사람이 본받아 뜻을 세울 수 있게 한다면 사람들은 실행이 중요하다는 것을 알게 되고, 보고 감화하여 자신도 모르게 날로 진보되며, 어버이를 섬기고 형을 따르는 도리도 볼만함이 있게 되어 그것을 미루어 임금을 섬길 수 있을 것입니다(『선조수정실록』, 선조 19년 10월 1일(임술)).

위의 상소문에서 조헌은 이지함의 뛰어난 행실을 칭송하고, 이지함이 조식과 정신적인 교제를 돈독히 했음을 강조하고 있다. 또한 결론적으로 이지함이 문무의 재능을 겸비한 인재를 길러 국가의 쓰임에 대비하고, 밝은 시대에 벼슬길에 나아가 소임을 다했기 때문에 국가에서 관작을 추증하고 제사를 지내줌이 마땅하다고 건의했다. 이처럼 조헌은 이지함을 평생의 스승으로 삼은 골수 '이지함 맨'이었다. 조헌의 학문과 사상 형성에는 이지함을 비롯하여 이이·성혼의 영향이 컸다.

조헌은 1570년에서 1571년 무렵 파주·홍주목의 교수직으로 관직생활을 하면서 이들과 사제관계를 맺었다. 1571년 홍주목에 있을 때 그는 이지함의 학식이 대단함을 알고 찾아가 사제의 인연을 맺고 가르침을 청했다. 이때 이지함은 스승으로서는 이이·성혼·송익필을, 학우로서는 그의 조카인 이산보와 서기를 추천했다고 한다. 이중에서도 이지함이 조헌에게 미천한 신분의 인물이었던 송익필과 서기를 스승과 사우로 추천한 점이 주목된다. 이러한 영향을 받아서인지 조헌 또한 신분의 귀천을 구분하지 않고 교유관계를 형성했다. 그는 송익필·서기와는 평생의 사우로 사귀었으며, 이를 계기로 비록 천민 출신일지라도 그 재능이 뛰어나다면 관직에 등용시켜야 한다고 주장하는 등 당시로서는 진보적인 신분관을 피력하기도 했다.

1572년 조헌은 교서관 정자正字로서 자수궁慈壽宮 성숙청星宿廳에 관관館官이 봉향封香하는 것을 반대하다가 삭직된 후 지리산에서 이지함과 서기를 만나 학문을 토론할 기회를 가졌다. 조헌은 이지함에 대해 '선생의 동정과 언행은 모두 처세의 교훈을 암시해주셨다'라고 격찬했으며, 이지함 역시 조헌의 재능을 인정하고 있었다.

당시 이지함은 조헌에 대해 세상 사정에 어둡고 능력이 없다는 평판이 나돌자 이에 대해 반발했고, 조헌이 늘 자기 분수를 지키면서 왕을 아끼며 나라의 운명을 걱정하는 우국충정을 높이 평가했다. 이지함은 또한 '다만 여식(조헌의 자)이 나를 스승으로 하는 것을 알 뿐 여식이 진정 내 스승인 줄은 모른다'라고 하여 27세의 나이 차를 극복하고 자신이 조헌에게 많은 것을 배웠다는 점을 암시했다. 둘은 비록 세대는 달랐지만, 학문과 사상, 현실 인식의 측면에서 그야말로 동지관계였던 것이다.

『동패락송』과 같은 야사에도 조헌이 이지함과 함께 자주 등장한다. 그런데 그의 스승 중에 방외인 이사연李思淵이 있다는 점이 주목할 만하다. 이사연의 호는 운홍雲鴻으로 조선시대의 대표적 도가서인 『청학집靑鶴集』에도 등장하는 인물이다. 『청학집』은 조여적趙汝籍이 1588년(선조 21) 과거에 낙방하고 실의에 빠져 집으로 돌아오는 길에 이사연을 만나 그 문하에 들어가 60여 년간을 스승으로 섬기면서 견문한 선가仙家들의 행적을 집성한 도가서이다. 이 책에서는 이사연의 스승을 청학산인靑鶴山人 위한조魏漢祚라 하였고 이지함은 위한조의 제자로 계보화해두었다. 이사연의 4대손인 이의백李宜白은 저서 『오계집梧溪集』에서 조헌이 미래의 일을 알 수 있게 된 것은 운홍(이사연)에게서 전수받은 것이라 했다. 이러한 기록들을 종합하면 이지함과 조헌은 『청학집』에 나타난 도가의 계보를 매개로도 연결됨을 알 수 있다.

이지함과 조헌의 끈끈한 인연은 사후까지 이어졌다. 이지함이 사망한 후인 1580년 조헌이 토정을 제사하기 위해 보령으로 가는 도중 지은 시에서 사제 간의 애틋한 정과 구국위민救國爲民을 위해 고심했던 모습을 엿볼 수 있다.

옛날 천릿길에 선생과 함께 놀 때 험난한 돌길에 말도 가기 어려운데 오늘

다시 왔건만 뵈올 길이 없으니 나라를 구하고 백성을 위할 계책을 누구에게 묻겠소(『중봉집』,「보령도중억토정선생保寧途中憶土亭先生」).

조헌 또한 스승인 이지함과 같이 정국을 위기의 국면으로 인식하고 이에 대한 문제점을 광범위하게 제시했다. 조헌은 중국에서 돌아온 후에 올린 상소문「동환봉사東還封事」에서 당시 조정의 문제점을 날카롭게 지적했다. 임란 직전인 1592년에는「지부상소持斧上疏」를 올렸다. '도끼를 소지하고 올리는 상소'인 만큼 죽음을 각오한 결연한 의지를 보였다. 조헌은 이 상소문에 왜국 사신을 참하여 명나라에 알릴 것과, 유구 및 일본의 의민義民에게 격문을 보내 도요토미 히데요시를 토벌하는 공동 전선을 전개할 것을 주장하였다. 특히「청참왜사소請斬倭使疏」를 올려 왜국 사신에 대한 엄격한 처벌을 요구하였다. 전형적인 대왜 강경노선이었다.

이처럼 조헌은 강직한 사림 정신을 소유한 인물로, 개혁론자이자 임진왜란을 예견하고 국가 위기를 극복한 의병장이었다. 비록 그 형태는 다르지만 국가가 위급한 시기를 당했을 때 직접 대응해나가는 실천가의 모습은 스승 이지함을 연상시키기도 한다. 한편 이지함의 서자인 이산겸은 조헌의 휘하에 들어가 의병장으로 활약하기도 하면서 둘 사이에는 세대를 넘어 인연이 지속되었다.

이지함의 문인 2: 천민 출신의 제자 서기

이지함의 제자 중에서 가장 눈길을 끄는 인물은 천민 출신인 서기徐起이다. 서기는 이지함의 근거지인 보령과 가까운 지역에 살면서 그의 명성을 듣고 찾아와 제자가 되었다. 서기는 충청도 남포藍浦에서 출생했으며, 홍주洪州에 거주할 때는 이지함의 집과 불과 20여 리밖에 떨어지지 않은 가까운 곳에 있었다.³ 서기는 누대로 집안이 한미한 천민 출신으로 심충겸의 사노私奴로 있었다. 그렇지만 어려서부터 학문에 전념하여 제자백가諸子百家와 중기지설衆技之說까지 섭렵했으며, 서기의 학식을 높이 산 주인 심충겸은 그의 노비 신분을 풀어주었다고 한다. 이지함과 서기가 사제지간을 형성한 데에는 지역적 기반이 크게 작용했는데, 이러한 예는 조선시대 학자들의 사승관계에서 흔히 발견되곤 한다. 김일손이 밀양의 김종직을 찾아가 학문을 배움으로써 사림파의 학통을 전수받은 것이나, 조광조가 부친의 부임지를 따라 평안도에 있을 당시 희천熙川으로 귀양 온 김굉필에게서 학문을 전수받는 등 지역을 기반으로 한 인연은 학문 전수에 중요한 역할을 했다.

처음에 서기는 선학禪學에 경도되었지만, 스무 살 전후 이지함을 만나 사사하면서 비로소 유학이 정도임을 깨닫게 되었다고 한다.[4] 그는 이지함과 함께 한라산에서 돌아온 후 스승의 소개로 이중호李仲虎 문하에 들어가 3년간 『대학』 『중용』 등을 배우고 나서 고향으로 돌아왔다.[5] 이중호 역시 서얼 출신으로 서경덕의 문인 중 서얼 출신인 박지화와 비슷한 성향을 지닌 인물로 평가받았으며, 방술方術이나 양명학陽明學에도 일가견이 있었다. 이중호와 서기는 서경덕의 학문에 영향을 받은 것으로 기록에 나타나고 있어서 서경덕의 신분에 대한 개방성을 엿볼 수 있다.[6]

서경덕의 문하에는 신분이 미천한 사람들이 자주 드나들었으며, 이지함은 그들과도 기꺼이 교유관계를 형성했다. 『동유사우록』이나 『전고대방』에는 서기와 김근공을 이중호의 문인으로 분류하고 있는데,[7] 이중호는 개성에서 함께 학문을 토론할 때에 그의 학문적 깊이에 서경덕이 탄복했다고 전해지는 인물이다.[8]

서기의 묘갈명을 쓴 박지화 또한 서얼 출신으로 신분이 미천했으며, 특히 도가적인 풍모를 지녔던 것으로 잘 알려져 있다. 이식은 『택당집』에서 '화담의 문하에서 배운 사람들은 자못 괴이함을 즐겼는데, 박지화는 선가仙家에 빠졌고 서기는 앞날을 내다보는 술법이 있다. 화담

혼천시계, 철·나무, 1669년, 고려대박물관 소장. 서경덕, 이지함으로 이어지는 화담학파 계열은 천문, 지리, 과학 등에 해박한 지식을 지니고 있었다.

이 전지지술前知之術이 있으므로 화담에게서 배운 자는 대개 이와 같았다'9고 한 것은 이러한 분위기를 잘 드러내준다.

이처럼 이지함이나 서기와 관계를 형성한 인물들 다수가 서경덕의 학문적 영향 아래에 있었으며, 화담학파의 학문적 특징인 개방성과 다양성을 소유하고 있었다. 그렇다고 서경덕의 문인들 모두가 미천한 신분인 것은 아니었다. 허엽이나 박순처럼 관료학자로 진출한 이도 있었고, 민순처럼 산림학자로 자임한 부류, 그 외에 도가적 성향을 보인 부류 등 다양한 그룹을 형성했다. 최초의 붕당인 동인과 서인이 분당할 때에 허엽은 동인의 영수로, 박순은 서인의 영수로 추대된 것도 흥미로운 점이다. 이것은 그만큼 서경덕이 학문에 있어서 자득自得을 중시하면서 제자들에게 어느 하나의 사상만을 고집하지 않은 데에서 연원한 것으로 여겨진다.

서경덕, 이지함으로 이어지는 계열들은 그들 스스로뿐만 아니라 그 제자들 역시 과학적 지식에 해박함을 보였다. 서기가 천문과 지리에 해박하여 선기옥형璿璣玉衡(혼천의)을 제작하고 천상天象·지리·인사人事의 변화를 두루 탐구한 것이나,10 조헌이 이지함에게서 학문을 배워 상위象緯에 정통했다는 평가를 받은 것에서도11 이들 계열과 과학과의 연관성을 짐작할 수 있다. 서경덕이 역학에 해박했고, 이지함이 천문이나 조수의 움직임에 능통했음은 이러한 과학적인 분위기를 보여준다.

신분을 뛰어넘어 인재를 꿰뚫어보다

16세기 당시 천민으로 태어났으면서도 가장 뛰어난 학문적 능력을 인정받았던 인물로는 송익필宋翼弼(1534~1599)을 들 수 있다. 『토정유고』에 수록된 한 편의 시는 이지함이 송익필의 시에서 차운次韻한 것일 정도로 12 두 사람 사이에 특별한 관계가 형성돼 있었다. 이 시에서 이지함은 송익필과 지기知己로서 남달리 깊은 정을 드러내고 있고, 학문과 인격을 연마하는 데 서로가 힘이 됐음을 기록하고 있다. 송익필은 천민 출신이라는 점 때문에 그 능력이 평가절하된 바 있지만, 이지함은 그의 능력을 높이 산 것이다.

이지함이 신분을 초월하여 인재를 두루 평가했던 사례는 여러 기록에서 드러난다. 그는 이항복과 한준겸이 일사逸士를 본 적이 있느냐는 질문을 하자 자신이 여러 지방에 돌아다니다가 만난 인물 중 최고가 될 만한 두 사람이 있었다고 말해주었다. 한 사람은 충청도와 전라도 해상에서 어업에 종사한 인물이며,[13] 다른 한 명은 은둔하여 스스로 즐기면서 나이 60이 넘어 자신에게 배울 것을 청한 서치무徐致武라는 인물이었다. 『토정유고』「유사」에 나타난 이들에 대한 이지함의 인물평을 보자.

선생(이지함)이 말하기를 '내 일찍이 외방으로 다니면서 최고가 될 만한 두 사람과 그 다음쯤 가는 한 사람을 안다'고 했다. 내(이항복)가 그 사람이 어떤 이냐고 물으니 선생은 다음과 같이 대답하셨다. '그중의 한 사람은 해상에서 고기잡이를 생업으로 하여 살고 있다. 내가 처음 충청도 해상에서 그를 만난 뒤 십 년 만에 전라도 해상에서 다시 만났다. 거처는 일정한 곳이 없어 배를 집 삼아 살고 있다. 식구라야 아내와 외동딸밖에 없기 때문에 큰 배를 사용하지 않고 보통 정도의 배를 쓴다. 고기잡이를 하는 여가에 더러 곡식을 운반해 그 운임을 받아 생활해나간다……. 그 배 부리는 기술이 다른 어선들은 흉내도 못 낼 정도로 능숙했다. 잡은 고기를 요리하는 솜씨가 아주 좋아서 이 또한 보통 사람은 미칠 수 없을 정도였다.
한번은 그 아내가 이웃집으로 놀러갔었다. 이에 그의 딸만 혼자 남겨졌는데, 그 딸이 고기를 팔면서 시장에서 받는 값보다 배나 비싸게 팔았다. 그 아내가 돌아오자 딸이 고기 값을 많이 받았다고 자랑했다. 이 말을 들은 아내는 깜짝 놀라서 고기 값을 배나 받은 것을 네 아버지가 아시면 심히 노할 것이라고 말하면서 황급히 고기를 사간 사람을 뒤쫓아가서 받은 돈의 반절을 되돌려주었다. 이것 또한 그 사람 됨됨의 일면을 보여주는 것이다.

내가 그 사람이 보통 인물이 아님을 알고서 어느 날 또 그를 만나보기 위해서 기다리고 있었다. (…) 나라 다스리는 방법을 물었더니 웃기만 하고 대답하지 않다가 '손님은 할 일도 어지간히 없으시오' 하고 말했다. 여러 번 성명을 물었으나 일러주지 않았다. 다른 날 내가 다시 찾아갔더니 자기 할 일을 끝내고 이미 어디론가 가버렸다. 필연코 내가 다시 올 줄 알았던 것이다. 이 사람이 내가 말하고자 하는 첫번째 사람이다.

어업과 상업에 종사하면서 상도商道를 지킨 사람을 이지함 자신이 존경하는 첫번째 인물로 꼽고 그에게 나라를 다스리는 방법까지 물어보았다는 사실은 예사롭지가 않다. 정치는 실생활의 체험에서 나온다는 사실을 이미 인식했던 것은 아닐까? 이어서 이지함은 두번째 인물을 소개하고 있다.

서치무는 은둔생활을 스스로 즐기는 겨우 면무식을 면한 사람이다. 일찍이 어떤 사람이 『청구풍아青丘風雅』*라는 시집을 읽어보라고 하자, 서치무는 이것을 나에게 가져와서 배우기를 청하였다. 내가 종일토록 가르쳐주자 조금도 게을리 하지 않았다. 글을 배우다가 여가가 나면 물도 길어오고 나무도 해오는 등 우리 집 잡일을 돌보아주었다. 내가 그런 일은 하지 말라고 하

---

* 사림과 학자 김종직이 삼국·고려 이래의 명시를 뽑아 비평과 주석을 단 책.

자, 서치무가 말하기를 '그 사람에게서 책을 받은 것은 읽고자 해서입니다. 제가 만약 읽지 않으려 했다면 처음부터 받지 않았을 것입니다. 이미 읽기 위해 받았으니, 그 사람의 고마움을 조금도 헛되이 하지 않기 위해 이와 같이 부지런히 읽은 것입니다. 또 이미 선생께 배움을 받아 스승과 제자의 관계가 이루어졌습니다. 독서하는 여가에 할 일 없이 놀지 않고 스승의 집안일을 돌봐드리는 것이 제자의 직분을 다하는 것이라고 생각합니다'라고 말했다. 이런 서치무는 나이가 60이 다 되어서 공부하기 시작해 일 년 동안을 나에게 배우면서 매양 게을리 하지 않았다. 이 사람이 바로 그다음쯤 되는 사람이다.

이지함이 나이 60세가 넘고 그동안 학문적 식견이 전혀 없던 서치무를 제자로 맞아들여 가르침을 준 일화는, 그가 보통의 백성들도 조금만 노력하면 충분히 무식함을 면할 수 있다는 믿음을 가졌음을 보여주고 있다.

이지함은 두 인물을 거론한 후에 그 아래에 들 수 있는 인물로 서기를 꼽았다. 이지함이 손꼽은 인물은 하나같이 신분이 미천하였다. 이지함이 자신이 만난 인물 중 최고의 인물로 어업과 배를 다루는 기술에 능숙했던 이를 꼽은 것은 많은 시사점을 준다. 특히 상업·수공업·어업 등 당시 말업末業으로 천시됐던 경제활동을 중시한 실용 중시 사상가의 흐름을 볼 수 있다. 즉, 이지함은 주류 학문인 주자성리학만 고집하지 않고 어업이나 수산업 등 실용적인 학문에 눈을 돌린 진보적인 지식인이었다. 사실 지금까지 이러한 사상적 흐름은 비주류적인 흐름이었던 까닭에 별달리 주목받지 못했지만 이지함의 스승이자 그와 동시대를 살아간 서경덕과 조식, 그리고 그들의 학풍을 계승한 화담학파와 남명학파의 사상에서는 두드러지게 나타나고 있다. 즉 이지함의 사회사상을 통해 조선중기 사상계를 새롭게 볼 수 있는 단서가 열릴 수 있는 것이다.

화담학파와 양명학

양명학은 명나라 중엽부터 새로운 시대사조로 등장해 명나라에서는 일세를 풍미했지만 조선에서는 적극적으로 수용되지 못했다고 평가받고 있다. 양명학에 대해서는 유학의 이름을 빌려 선仙·불佛을 하나로 만든 이단 사상이라는 인식이 팽배했으며,[14] 특히 이황과 같은 학자가 양명학에 대하여 비판적이었다.

그러나 박상朴祥(1474~1530)의 『눌재집』과 김세필金世弼(1473~1553)의 『십청헌집』 등에 양명학에 관한 문자들이 나타나고 있어, 양명학은 16세기 초반부터 이미 조선사회에 전래되었음이 확인되며[15] 임진왜란을 전후한 시기에는 조선과 명나라 학자의 빈번한 교류로 학자들에게 상당 부분 전파되었던 것으로 보인다. 조선중기 학자들의 문집에서 긍정이든 비판이든 양명학에 관한 내용들이 여기저기 눈에 띄는 것을 볼 때, 명에서 성립된 후 조선사회에 일부 수용되었음을 알 수 있다.[16]

양명학은 사신들의 내왕에 의해 조선에 전래되었다. 육학陸學을 하는 명나라 사신이 이황이 이언적의 저서 『논태극서』를 보여주자 옳지 않다고 한 것이나,[17] 유성룡이 서장관으로 명나라에 갔을 때 조정의 학자 대부분이 양명학자인 왕양명과 진백사를 존숭했다는 기록이나,[18] 선조가 양명학에 관심을 기울이자 유성룡이 극구 비판했던 기록은[19] 당시 양명학이 조정에서도 상당히 논란을 불러일으켰음을 반영하고 있다.

이러한 시대 조건을 감안한다면 학문 선택에 개방성을 보이고 당시 학문을 쉽게 흡수할 수 있는 위치에 있었던 화담학파의 학인들은 양명학에 대해서도 일정한 관심을 가질 수 있었을 것이다. 중국에서도 상하존비의 차별 없이 누구에게나 발휘될 수 있다는 치양지설致良知說의 양명학이 무인·상인 등 광범한 계층에 전파되었다. 또한 신분보다 재능을 중시하는 교육관도 지지 기반을 넓혔음을 볼 때,[20] 조선중기 가장 신분적 개방성을 보인 화담학파의 학인들에게서 양명학의 수용이 적극적으로 이루어질 가능성은 가장 컸다고 할 수 있다. 나아가 양명학을 성립시킨 왕양명의 행적에서 젊은 시절 도사의 양생養生을 흠모했다는 기록이 나타나고, 강학하는 사람들에게 정좌靜坐하여 스스로 깨달음을 위주로 삼을 것을 강조한 것[21] 등은 화담의 사상이나 학습 방법과도 유사하다.

양명학 수용에 관한 체계적인 연구에서도 초기의 양명학 수용자들이 지역적으로는 경기 지방을 중심으로 하고, 학계상으로는 화담계, 남명계, 율곡·우계 계통의 학자들 중 불우한 처지의 종실이나 서얼 출신이 많았다는 지적이 있어서[22] 조선중기 양명학 수용은 화담학파나 남명학파에서 일부 이루어졌음을 알 수 있다.

화담의 문하에서 특히 양명학에

양명학의 시초 왕양명. 중국 명대 사상계에 큰 영향을 끼쳤고, 중후기 조선의 일부 지식인들 역시 주자성리학을 비판하며 양명학의 논리를 따랐다.

경도된 학자로는 남언경과 홍인우를 꼽을 수 있을 듯하다. 양인이 양명학에 접촉했음은 1553년에 왕양명의 어록인 『전습록』을 읽었다는 것에서 알 수 있다.[23] 홍인우洪仁祐(1515~1554)가 양명학에 관심이 있었음을 보여주는 자료로는 「일록초日錄抄」가 있다. 이 글에는 홍인우가 왕양명이 저술한 『전습록』을 읽고 비판한 내용과 남언경과의 서신을 통해 양명학에 대한 의견을 주고받은 사실이 기록되어 있어서, 홍인우를 비롯한 화담학과 문인들이 양명학에 깊은 관심을 갖고 있었음을 알 수 있다.

  조선중기 실용적·실천적 사상의 형성에 있어서 양명학이 끼친 영향은 앞으로도 계속 연구되어야 할 과제이다.

제5부

독보적인 학풍 형성과 논설

안명세의 옥사를 듣고 처사를 결심하다

이지함은 당대의 정치 현실에 회의를 품고 구속 없는 자유로운 처사의 길을 스스로 선택했다. 각지를 유람하면서 많은 학자, 민중과의 교유에서 형성된 그의 학문과 사상은 처사의 삶이 바탕이 된 것이었다.

실록 등에서는 이지함이 관직을 단념하고 처사로 머무르게 된 주요 원인을 을사사화의 여파로 빚어진 안명세安名世(1518~1548) 옥사 사건에 두고 있다. 조헌의 상소문에는 이지함이 안명세의 처형을 보고 은거를 결심했다는 기록이 나타나 있다.

오직 사화가 혹심하였기 때문에 기미를 아는 선비들은 모두 출처에 근신하였습니다…… 이지함은 안명세의 처형을 보고 해도海島를 두루 돌아다니면서 미치광이로 세상을 피했습니다. 이들은 모두 조정의 큰 그릇들이고 세상을 구제할 재목들이었으나, 기러기가 높이 날아 주살을 피하듯이 세상을 버리고선 산골짜기에서 늙어 죽었습니다(『선조수정실록』 권20, 선조 19년 10월 임술).

이지함은 사화의 여파로 절친한 친구 안명세가 희생되자 지방에서 은거했다. 안명세의 죽음이 이지함에게 출사를 포기하게 만든 결정적인 요인이었다는 점을 고려하면, 안명세와의 친분은 매우 두터웠다고 할 수 있다. 이산해의 「연보」에 의하면 안명세는 이산해의 부친이자 숙부인 이지번과 이지함을 '매일같이 찾아오지 않는 적이 없었다' 고 할 정도로 사이가 돈독했다. 이러한 벗이 을사사화를 주모한 권신權臣들을 비판하는 글을 시정기에 실었다가 처형을 당했으니, 이지함은 큰 충격을 받았던 것이다.

안명세는 박영朴英(1471~1540)의 문하에서 수학했다. 박영은 경상도 선산 출신으로, 김굉필의 문인인 정붕鄭鵬에게서 학문을 배웠으니, 영남 사림파의 학맥 속에서 성장한 셈이다. 박영은 원래 무과에 합격하여 관직에 진출했으며, 무인이면서 성리학에도 일가견이 있었다. 이외에 역학·의학·천문·지리에도 능통했다고 한다. 안명세의 스승인 박영이 병법·역학·천문 등 다양한 학문과 사상에 경도된 모습을 보인 것은 서경덕이나 이지함의 학풍과도 유사한 점이다.

부정하고 잘못된 현실에 맞서서 사관의 직필로 저항한 벗 안명세, 그의 죽음에 대해 이지함은 자신이 할 수 있는 최선의 선택은 출사의 거부라고 보았다. 부정과 비리로 얼룩진 현실 정치 참여보다는 직접 백성들과 부딪치면서 자신이 배운 것을 베풀어주리라고 결심했다. 사방을 주유周遊하면서 백성들을 만나서 삶의 문제를 해결하는 것, 이것이 바로 이지함이 생각한 민본정치였다.

사화의 여파로 은거의 삶을 선택한 처사형 학자들은 정치적으로 자유로운 만큼 다양한 학문에 관심을 가질 수 있었다. 이들이 다양한 학문과 사상에 해박했던 모습은 각종 기록에서 발견된다. 조선시대에 도가에 가장 심취했던 학자 정렴이 천문·지리·의약 등에 해박했던 것이나,[1] 벼슬을 싫어한 구영안丘永安이 음양·의술·선도·불도 등 다양한 학문을 섭렵했던 모습,[2] 또 조식이나 이지함이 천문·지리·음양·의술·도가 등을 섭렵했던 사실에서[3] 당시 처사형 학자들이 천문·도교·의술 등에 관심을 갖고 있었음을 알 수 있다.

조식에 대해 제자인 김우옹이 찬술한 행장에는 '음양·지리·의약·도류道流의 말에 이르기까지 그 요점을 두루 섭렵하지 않음이 없었으며, 궁마弓馬와 행진行陣의 법이나 관방關防, 진수陣戍에까지 관심이 있었다'고 하여 조식의 학문 폭이 넓었음을 보여주고 있다. 이지함에 대한 「유사」의 기록에도 '천문·지리·의약·복서卜筮·율려律呂·산수算數·지음知音류에 통달하여 이해하지 않음이 없었다'고 하여 박학博學적인 학문 경향을 지녔음을 보여준다.

특히 이지함이 한서寒暑와 기한飢寒을 잘 참고 혹은 10일간이나 음식을 끊어도 병이 나지 않았다는 기록은[4] 그가 도가의 양생법을 배우지 않았나 하는 추측이 들게 한다. 의병장 곽재우는 전란이 끝난 후 벽곡(곡식을 끊음)을 하면서 양생법을 실천하였다. 도교는 조선사회에서 크게 성행하지는 못했지만, 현세적인 유교와 상호보완적 관계 속에서 문학과 미술 등 예술 분야와 민중의 생활 속에 녹아들어 조선후기 문화적 특성을 이루어낸 중요한 요소였던 점을 감안해보면, 도가적인 사상의 존재 여부와 그 역사적 의미는 무시할 수 없다.

처사형 학자들의 학풍과 사상은 일정한 인맥과 교유관계를 통해 전파·계승되어 나간 점도 주목된다. 이지함이나 서경덕·정렴 등 16세기 사상계에서 이단적인 성향을 보인 학자들은 사우관계나 혈연관계를 통해 사상적 지향과 현실에의 대응 자세를 같이하는 각각의 그룹을 형성했다. 즉 이지함·서기·조헌·이남李楠의 토정 그룹과 서경덕·박지화의 화담 그룹, 정렴·정작鄭碏·정초鄭礎·박지화 등의 북창(정렴) 그룹으로서, 각 그룹의 인물들은 서로 겹치면서 고리로 연결돼 정통 성리학과는 구별되는 지점에서 16세기 사상의 한 조류를 형성하고 있었다. 이러한 사상적 흐름은 주자성리학 중심의 당시 사회에 신선한 자극제가 되었다.

경敬을 연구하여 실천을 독실히 하다

이지함의 학풍 형성에 영향을 준 사상적 요소로는 우선 '경敬' 사상을 꼽을 수 있다. 조카 이산해의 묘갈명墓碣銘에 따르면 '학문을 할 때는 항상 경을 위주로 하여 이치를 연구하고 실천력을 길러 독실히 하는 것을 우선으로 하였다. 일찍이 이르기를 "성인이란 배워서 도달할 수 있는 것인데, 포기하고서 노력하지 않기 때문에 걱정이다"라고 하였다. '의리를 논하거나 시비를 분별할 때에는 대단히 명확하고 통찰력이 매우 빠르며 사물을 인용하고 연결하는 데에 미세한 것까지도 분석하여, 사람들로 하여금 귀담아 듣고 마음속에 흠모하게 함으로써 혼매한 자를 밝게 하고 의혹을 가진 자를 풀어주며 취한 자를 깨워주었으니, 그 은혜가 후학들에게 미친 것이 많았다'고 하여 이지함이 경을 중심 사상으로 하여 실천력을 기르는 데 주력했다는 점과 누구나 노력하면 성인이 될 수 있음을 강조한 점을 지적했다. 또한 이지함이 의리를 논하거나 시비의 분별에 매우 명확하고 냉철한 지성인이었음을 회고하고 있다. 물론 조카의 입장에서 숙부의 행적을 쓴 묘갈명이라 조금은 과장된 면이 있겠지만 이지함을 기인이 아닌 '냉철한 지성인'으로 볼 수 있는 단서가 되는 자료이다.

'경'은 성리학에서 '주일무적主一無適' '정제엄숙整齊嚴肅' '상성성常惺惺' '심신수렴身心收斂' 등으로 표현되듯이 흐트러진 마음을 거두고 내면 수양을 중시하는 개념이다. '경' 개념은 16세기 사림파를 대표하는 조광조, 이황, 조식 등의 학자들에게도 널리 수용되었다. 이황은 조광조의 행장을 쓰면서 그의 학문이 경에 기초했다고 평가했다. '학문을 하는 데『소학』을 독실히 믿고『근사록』을 존숭하여 모든 경전에 발휘했다. 평상시에 거처할 때에는 밤낮으로 살피고 삼가서 엄연하여 의복과 태도가 법도에 어긋나지 않았으며, 말과 행동을 할 때 거듭 옛 교훈을 따른 것은 경을 지니는 법이었다'[5]라고 했으며, 조광조 스스로도 정제엄숙·주일무적 등 경의 중요성을 강조한 제 학설을 인용하여 이를 마음을 갖는 최우선의 방법으로 인식하고 있었다.

> 정제엄숙하고 마음을 한곳에 집중하여 잡념을 버리면 사물에 응하여 온당하고 언동이 예에 맞는다. (…) 마음은 모름지기 광대廣大하고 관평寬平하게 가져야 하는데, 일에 있어서 마음을 갖는 방법 중 경敬보다 앞서는 것이 없다.[6]

조선 성리학에 있어서 '경'의 덕목은, 특히 조광조를 중심으로 지치주의至治主義* 운동을 전개한 기묘사림의 단계에서 사회 현실과 관련된 위기지학爲己之學을 위한 방법으로 해석되었던 것으로 보인다. 기존의 집권 세력인 훈구파에 대항하기 위해서는 무엇보다 수신과 자기 절제가 강조되었으며, 경 이념은 이러한 실천운동의 내면적인 바탕이 되었다. 조광조 일파의 지치주의 운동은 실패로 끝났지만 그들이 추구했던 위기지학과 경 이념은 조광조의 학풍을 계승한 이황·조식 등 중종·명종대에 주로 활약한 사림들의 사상 형성에 큰 영향을 주었다.

이러한 점을 고려하면 경 이념을 중시한 이지함의 사상은 16세기 사림파의 기본적인 사상과 그 토대가 거의 같았음을 보여준다. 이것은 이지함이 기인이 아닌 16세기 사상사의 흐름 속에서 존재하는 학자임을 입증하는 지표이기도 하다. 이처럼 조선 성리학의 발전과정에서 '경' 덕목은 조광조 단계에서 사회적 실천을 위한 전제로서 보다 적극적으로 이해되었으며, 이러한 흐름은 조식·이황·이지함 등에게 공통적으로 계승되었다고 할 수 있다.

---

* 조광조를 위시해 전개되는 일련의 정치사상. 인간에 의하여 다스려지는 이 세상이 바로 하늘의 뜻이 펼쳐진 이상세계가 되도록 해야 한다는 내용으로, 중국의 성리학이 수용·정착되면서 나타난 조선적 특징이다.

대인의 조건 - 벼슬하지 않는 것보다 귀함이 없다

이지함은 성리학 이외의 다양한 사상에 경도되어 있었는데 특히 도가 사상에 심취한 점이 주목할 만하다. 16세기의 대표적인 처사형 학자인 조식·성운 등도 그 학문이 노장학에 가깝다는 지적을 받은 것으로 보아서 이것이 이지함에게만 국한된 것은 아니었음을 알 수 있다. 조식에게 노장의 경향이 있다는 것은 그의 호를 『장자』의 첫 장인 「소요유」편에 나오는 용어 '남명南冥'에서 따온 것에서도 알 수 있으며, 그가 강학의 공간으로 마련한 삼가현 '뇌룡정㘉龍亭'의 명칭도 『장자』의 '시거이용현尸居而龍見, 연묵이뇌성淵默而雷聲'에서 비롯된 것이었다(『장자』, 「천운天運」편 및 「재유在宥」편 참조). 이황은 성운의 학문에 대해서 그 노장적 경향과 방외어를 사용한 작품이 많음을 지적했다.

이지함은 그의 논설인 「대인설大人說」이 '귀한 것은 관작을 얻지 않는 것보다 귀함이 없고, 부유함은 욕심을 내지 않는 것보다 부유함이 없다' 는 논리를 제시한 것으로, 『노자』나 『장자』에 나오는 역설과 반어법을 주로 사용했다는 점이 주목을 끈다. 잠시 「대인설」의 내용을 살펴보자.

사람에게는 네 가지 바람이 있다. 안으로는 신령스럽고 강하기를 원하고, 밖으로는 부富하고 귀貴하기를 원한다. 귀함은 벼슬하지 않는 것보다 더 귀함이 없고, 부함은 욕심을 내지 않는 것보다 더 부함이 없다. 강함은 다투지 않는 것보다 더 강함이 없고, 신령스러움은 알지 못하는 것보다 더 신령스러움이 없다.

그러나 알지 못하면서 신령스럽지 못한 것은 어둡고 어리석은 자가 그러하고, 다투지 않으면서 강하지 못한 것은 나약懦弱한 자가 그러하며, 욕심을 내지 않으면서 부하지 못한 것은 빈궁貧窮한 자가 그러하고, 벼슬하지 않으면서 귀하지 않은 것은 미천微賤한 자가 그러하다.

알지 못하면서 능히 신령스럽고, 다투지 않으면서 능히 강하며, 욕심을 내지 않으면서 능히 부하고, 벼슬하지 않으면서 능히 귀한 것은 오직 대인大人이 할 수 있는 것이다(『토정유고』「대인설」).

人有四願 內願靈强 外願富貴 貴莫貴於不爵 富莫富於不慾 强莫强於不爭 靈莫靈於不知 而不知不靈昏愚者有之 不爭而不强懦弱者有之 不慾而不富 貧窮者有之 不爵而不貴微賤者有之 不知而能靈 不爵而能貴 惟大人能之

위의 글에서 이지함은 대인의 조건으로 '알지 못하면서 능히 신령스럽고, 다투지 않으면서 능히 강하며, 욕심을 내지 않으면서 능히 부하고, 벼슬하지 않으면서 능히 귀한 것'을 삼았다. 또한 '귀함은 벼슬하지 않는 것보다 더 귀함이 없다'는 등의 논법을 사용한 것이 눈에 띈다. 이러한 역설적 표현은 노자나 장자의 비유와 유사하다. 즉 이지함은 노장에서 흔히 사용하는 비유와 역설의 화법으로 대인을 설명해, 그가 노장서에 상당한 이해가 있었음을 증명하고 있다.

'대인'은 『주역』 『논어』 『맹자』와 같은 유가의 한문 고전에서부터 중요하게 사용된 개념이다. 대개 덕을 갖추어 임금의 지위에 오르고 구세 정신을 구현하는 유가적 성인을 의미하는 용어이다. 반면 『장자』나 완적*의 『대인선생전』 등에서는 사람에게 주어지는 방내의 테두리를 벗어나 인간의 유한성을 극복하는 방외적 존재로 부각되어 있다. 이들에 비해 이지함은 한문 고전 전래의 개념을 수용하면서도, 특히 역설적 방법을 통해 진정한 가치를 구현할 수 있는 '대인'의 또다른 존재 방식을 따졌다. 이는 바로 조선의 지성사에서 자기 앞 시대에 제시되었던 새로운 개념의 방외인상을 수용했다는 맥락에서 이해할 수 있다.[7]

이지함은 「대인설」을 통해 인간이 누구나 바라는 긍정적인 가치로서 신령스러움, 강함, 부함, 귀함을 전제하였다. 그리고 이것을 성취하

---

* 중국 3국시대 위나라 사상가, 문학자 겸 시인. 원초적인 노장사상을 추구하는 작품을 남겼는데, 자기 내면세계를 제재로 한 철학적 표백의 연작인 『영회詠懷』의 시 85수 등이 대표작이다.

기 위한 방법으로는 역설적으로 부지不知, 부쟁不爭, 불욕不欲, 불작不爵이 무엇보다 필요하다고 강조했다. 그가 이런 형식의 표현을 쓴 것은 긍정적 가치를 위한 역설적 방법이 일반인에게는 오히려 부정적인 가치를 초래하고 오직 세속의 가치 체계를 초월한 대인에게만 유용하다는 요지다.

한편 이지함과 유사한 학풍을 견지했던 조식의 글에서도 이지함의 「대인설」과 유사한 분위기를 보여주는 내용이 있다. 조식은 친구인 송인수가 선물한 『대학』을 읽고 그 책갑册匣 안에 쓴 글에서 '굶주리다가 먹을 것을 구하고 근심하다가 즐거움을 얻게 되었으니. 나의 곤궁함을 세상 사람들의 통달함과 바꾸겠는가? 나는 바꾸지 않으리라'(『남명집』「서규암소증대학책의하書圭菴所贈大學册衣下」)라고 하여 이지함의 「대인설」과 같이 노장의 반어법적 용어를 사용하고 있다. 이러한 사례 역시 당시에 노장적인 분위기가 지식인들 사이에 상당히 확산되어 있었음을 보여주는 지표다.

이지함을 기화이초奇花異草로 압축적으로 평한 이이가 이지함에게 『장자』와 맞먹을 만한 책을 써보라고 권유한 점도 이지함이 노장서에 경도된 면이 있었음을 입증해준다. 『토정유고』의 서문에서 정호鄭澔(1648~1736)도 김시습, 정렴을 방외인으로 규정하고 이지함을 이들 부류와 함께 묶은 것 역시 이지함에 대한 세간의 평가를 반영한 것으로 보인다.

위에서 지적한 바와 같이 서경덕, 조식, 이지함 등은 당대에 영향력 있는 학자이면서도 도가 사상을 수용하는 면모를 보였다. 그러나 이것은 이들이 현실세계를 떠난 학자임을 보여주는 징표로 볼 수는 없다. 왜냐하면 이들이 당시 비판자적인 위치에 서서 자유롭게 현실의 모순을 지적하고 대안을 제시했으며, 문인들의 양성을 통하여 광범하게 영향력을 행사했기 때문이다. 조선의 조정에서도 이들의 학문적 능력을 수용했다는 점에서도 이들의 학문과 사상이 결코 현실과 유리된 것은 아님을 알 수 있는 것이다. 다만 도가사상은 자신의 내면 수양의 차원이나 현실 정치에 보다 의연하게 대처하는 차원에서 일부 수용한 것으로 해석할 수 있다.

도가문학에 대한 연구에서도 한국문학에 나타난 도가의식 내지 도가적인 삶이 스스로 폐쇄적인 현실도피의 삶이 아니라, 오히려 좀더 치열한 현실 인식의 자세가 기반이 되고 있었음을 지적하고 있다. 이지함에게서도 방외인적인 경향이 나타난다는 지적은 널리 알려져 있으나, 현실에 기반한 그의 적극적인 사회경제 사상과 포천현감·아산현감으로 재임할 때 그가 제시한 시무책이 당시의 사회상을 예리하게 포착한 점을 고려한다면, 그가 현실 정치에 상당한 안목을 갖고 실천했음은 부인할 수 없다. 그에게 있어서 도가 사상의 수용은 현실도피적인 것이 아니라 보다 자유롭고 개방적으로 현실을 이해하는 방편이 되었던 것이다.

벗을 피하고 적은 욕심을 더 적게 하다

이지함은 『토정유고』에서 대인설 외에 두 편의 설을 더 남겼다. 「피지음설避知音說」*과 「과욕설寡慾說」로 그는 자신의 시대와 새로운 인간형에 대한 해석을 가했다. 먼저 「피지음설」에서는 이렇게 말하고 있다.

> 선비의 출세는 지음知音**8이지만 말세의 지음은 재앙의 빌미이다. 어째서인가? 재용財用은 처음에는 흉물이 아니지만 국가의 재앙은 대개 재용에서 나온다. 권세도 처음에는 흉물이 아니지만 대부大夫의 재앙은 대개 권세에서 나온다. 구슬을 품은 것은 처음에는 흉물이 아니지만 필부匹夫의 재앙은 대개 구슬을 품은 것에서 나온다. 지음은 처음에는 흉물이 아니지만 현사賢

* 지음을 피하는 설.
** 자기의 마음을 아는 친한 벗.

士의 재앙은 대개 지음에서 나온다. (…) 지기知己를 만나서 재앙을 당하지 않았던 자는 드물고 곤욕을 당하지 않았다는 말은 아직 한 번도 들어보지 못했다. 그러므로 사람들은 지기를 만들고자 원하지만 현사는 우선 이를 피할 뿐이다. 서로 만나서 재앙을 받지 않는 것은 오직 산수 간의 지음이며 전야田野 간의 지음이다.

이지함은 교유관계를 맺어 정실로 얽히는 것의 위험성을 경계하고 오직 믿을 것은 산수와 자연임을 강조했다. 처사적 삶을 지향하는 그의 인생관을 글을 통해 압축한 것이다.

선비가 자신을 알아주는 사람에 힘입어 벼슬하는 것은 안정된 사회의 기본적인 출처 논리이다. 국가 아래의 각 사회 단위가 재용, 권세, 회벽懷璧을 통해 그에 상응하는 긍정적인 가치에 도달하는 일은 그 같은 기본 원리가 통용되기 때문이다. 즉 위에서 제시한 '지이불능知而不能'이 통하는 세상이다. 그러나 말세를 전제로 하면 그러한 가치 체계는 전도되고 평가 역시 뒤바뀐다. 난세에서 자신의 능력을 알아보는 사람은 결국 자신을 난세의 와중으로 밀어넣을 사람이다. 재용, 권세, 회벽이 재앙을 불러오는 것 또한 같은 논리다.

그러나 이지함은 난세를 피하는 데 그치지 않고 난세에 적합한 역설적인 방법을 통해 진정한 가치를 추구하고자 하는 것이 방외인의 긍정적인 모습임을 강조하고 있다. '방외지우方外之友'를 의미하는 '산수 간의 지음' '전야田野 간의 지음'이 바로 그것이다. 「대인설」이 자기 구실을 찾으려는 방외인의 긍정적인 측면을 강조한 것이라면, 「치지음설」은 역설적 처세관을 형성하게 하는 말세에서의 위기의식을 부각시켰다고 할 수 있다.[9]

마지막 논설인 「과욕설」에서는 다음과 같이 말하고 있다.

> 맹자가 말하기를 '마음을 기르는 데에는 적은 욕심을 적게 하는 것보다 더 나은 것이 없다' 고 하였다. 적어진다는 것은 없어짐의 처음이다. 적어지고 또 적어져서 적어질 것이 없는 데까지 이르면 마음이 비고 신령스러워진다. 신령스러움의 비침이 밝음이 되고 밝음의 실상이 성誠이 된다. 성의 도는 중中이 되고 중이 발하여 화和가 되니 중화는 공정함의 아버지요 생生의 어머니다. 정성스럽고 정성스러워 그 안이 없으며, 넓고 넓어 그 바깥이 없다. 바깥이 있다는 것은 작음의 시작이다. 작아지고 또 작아져서 형기形氣에 얽매이면 내가 있다는 것은 알면서 남이 있다는 것은 알지 못하며, 남이 있다는 것은 알면서 도가 있음을 알지 못한다. 물욕이 가리면 해치는 것이 많아서 욕심을 적게 하려고 하여도 되지 않는데 하물며 없어짐을 어찌 바라겠는가? 맹자께서 하신 말씀이 과연 뜻이 원대하다.

이 글에서 이지함은 욕심을 부리지 않는 것이 도로 나아가는 중요한 길임을 『맹자』를 인용해 설명하고 있다. 첫번째 단락은 욕심을 줄인다는 고정 규범을 준수하는 단계에서부터 그 규범마저 없어지는 경지에 이른 과정을 말했다. 그 궁극적인 단계에서는 특별히 속셈을 두거나 밖으로 위세에 눌리는 일이 없다는 뜻이다. 「대인설」의 대인이 모든 세속적 욕구를 제거함으로써 진정한 가치에 도달한다는 논리와 맥이 닿아 있다. 그러나 이지함이 추구한 가치는 「대인설」에서 제시한 영靈·강强·부富·귀貴에 그칠 수 없어 이 논설이 따로 필요했다. '공정함'이라 함은 세상에 더불어 살아가는 원리다. 그것은 가정 내에서 아버지가 펴는 수직적 질서와 같이 포괄성을 띠게 된다. '생生'이라 함은 만물을 길러내는 원리다. 그것은 가정 내에서 어머니가 제공하는 수평적 질서와 같이 개별성을 존중한다. 개인과 사회의 상반된 가치가 조화를 이루면서 속셈도 없고 위세도 없이 정성스럽고 자유롭다는 것이다. 이러한 방법론으로 이지함은 욕심을 줄여 마음을 비워서 신령스럽고 밝은 상태를 이룩해야 한다는 점을 강조했다.

「과욕설」은 『맹자』를 적절하게 인용하면서 물욕이 마음을 해치는 것을 경계한 글이다. 맹자는 춘추전국시대에 중국 전역을 돌아다니며 제후들에게 자신이 추구하는 이상인 '인'과 '의'를 설파하고 이를 실천하려 했다. 이지함은 맹자의 이러한 모습을 닮으려 했던 것은 아닐까? 스스로 양반이라는 특권을 벗어던지고 가난한 민중과 함께한 이지함의 삶의 궤적은 『맹자』를 인용한 논설에서도 잘 표현되어 있다.

품기稟氣가 이러하니 어찌 선仙을 배운 것이 아니겠는가?

16세기에는 출사를 단념한 학자들이 많이 나타났다. 그중 대표적인 인물로는 개성의 서경덕이나 청도의 김대유와 박하담, 진주의 조식, 서울 마포의 이지함 등을 들 수 있다. 거의 전국적으로 처사형 학자들이 나타난 셈이다.

이들의 학문 경향과 처세는 인근 학자들에게 큰 영향을 끼쳤다. 즉 서경덕의 학풍은 개성을 거쳐 경기도 고양과 김포, 나아가 서울의 침류대 학자들에게 영향을 끼쳤다. 그런데 침류대를 중심으로 모인 학자 그룹은 성리학 이외에 다양한 학문과 사상을 공유하고 있었다. 이지함의 학풍과도 일부 유사성이 발견되는 것이다. 침류대는 천민 출신이었던 유희경劉希慶이 이곳의 주인이었다는 점이 관심을 끈다. 지금은 침류대가 창덕궁의 궁궐 내부에 들어가 있지만 16세기 후반에서 17세기 전반 이수광, 신흠, 장유, 이원익 등 당대를 대표하는 지성들이 모인 시절에는 창덕궁 밖 시냇물이 흐르는 곳에 위치해 있었다. 이곳은 학자들이 모여 시도 짓고 학문을 토론하면서 세상 돌아가는 이야기를 하는 문화 사랑방의 구실을 했다. 특히 이곳에 모인 학자들은 화담 서경덕의 학문을 계승한 사람들이 많았다.

침류대를 중심으로 활동한 인물로 먼저 신흠을 꼽을 수 있다. 신흠의 근거지인 상촌象村은 현재의 김포지역으로, 임진강과 한강의 물길이 맞닿아 개성지역의 화담 학문을 흡수할 수 있는 유리한 곳에 위치해 있었다. 신흠의 사상에서도 주자학에 대한 비판적인 태도, 학문의 진실성과 실천성을 회복하고자 한 점, 사공事功에 대한 강조, 제자백가 사상의 적극적인 수용, 상수학에 대한 관심 등이 나타나는데 서경덕이나 이지함의 학풍과도 일치하는 요소가 상당 부분 발견된다. 이지함의 주요 지역 기반이 한강 마포의 토정이라는 점을 고려하면 이지함과 신흠 등 침류대 학자들 간의 학문적 교류는 쉽게 발견된다.

서경덕은 개성 출신으로, 개성은 고려시대부터 상업이 발달하고 중국 문화가 들어오는 통로였기에 사람들의 성향이 개방적이고 실용적이었다. 화담학파의 사상적 경향은 율곡학파와 퇴계학파 등 조선의 정통 성리학파와 달리 당시 이단으로 여기던 양명학과 도교를 수용하는 데도 적극적인 개방성을 띠었다. 이러한 사상적 토대가 있었기 때문에 천민 출신 유희경이 주인인 침류대에서 기꺼이 학문 토론의 장을 벌일 수 있었던 것이다. 이처럼 서경덕의 학풍을 계승한 공간인 서울의 침

개성 남대문. 16세기 단연 두각을 나타냈던 인물 서경덕이 바로 이곳 개성 출신이었으며, 주변 지역들로 그 학문적 영향력이 뻗어나갔다.

류대에서도 이지함의 학문 성향과 유사한 흐름이 나타나고 있었다. 이지함의 학풍에서 또 하나 강조되어야 할 점은 무를 중시한 경향이다. 상무尙武 정신은 남명 조식이 배출된 경상우도 지역에서 가장 활발하게 전개되었는데, 임진왜란 때 경상우도에서 가장 많은 의병장이 배출된 것도 이런 흐름과 관련 있다. 조식이 경敬의 상징으로 성성자라는 방울을 차고 의義의 상징으로 칼을 차고 다닌 것은 유학자이면서도 상무 정신을 보여준 대표적인 사례다. 남명 조식이 북인 사상의 원류가 된 만큼, 북인을 뿌리로 한 이지함에게서도 이러한 변모는 쉽게 발견된다.

우선 이지함은 '호걸'의 풍모가 있다는 평가를 받았다.[10] 포천현감으로 있을 때에는 문무를 겸비하는 인재 양성을 주장했으며,[11] 그의 대표적 문인인 조헌과 서자인 이산겸이 의병장으로 크게 활약한 것에서 이지함과 '무'의 연결 고리를 볼 수 있다. 특히 이산겸은 충청도 한산에서 남은 군사를 거두어 왜적을 토벌했는데, '이 지역이 이지함의 고향이라서 따르는 자가 많았다'고 전해진다.[12] 그만큼 지역에서 차지하는 그의 영향력이 얼마나 컸던가를 짐작할 수 있다.

이지함에게서는 신선의 풍모가 있다는 지적도 있었다. 조식은 이지함이 굶주림과 추위를 견뎌내는 것을 보고 '품기禀氣가 이와 같으니 어찌 선仙을 배운 것이 아니겠는가?'라며 그를 치켜세웠다. 조선후기의 학자 홍만종은 도가 사상을 보인 인물의 행적을 기록한 『해동이적』에서 이지함의 일화를 소개하기도 했다. 호걸·신선 등으로 칭해졌다는 것은 그만큼 이지함에게서 비범한 풍모가 나타났음을 알 수 있게 한다.

『주역』에 심취하다

　조선사회는 선왕들이 제정한 법이나 관례에 구속되는 정도가 심했다. 대체로 조종조의 관례에 따라 의식을 행하고 제도를 시행하는 것이 일반적인 원칙이었다. 조선시대에 국가의 중요 의식을 기록과 그림으로 정리한 의궤가 조선전기부터 편찬되어 후기까지 지속된 것도 이런 흐름을 보여준다. 이것은 통치의 예측 가능성을 높이는 순기능도 했지만, 반대로 폐습을 고치기 매우 어려운 역기능도 했다. 따라서 안정성이나 연속성을 해치는 개혁이나 경장更張, 혁신 같은 용어는 일반적으로 조선의 정치 문화에서 받아들이기 어려운 부분이 많았다. 조광조의 개혁 정치가 보수파의 반격을 받아 곧바로 좌초한 것이나 정여립의 역모 사건으로 개혁을 지향한 수많은 선비들이 화를 입은 사건에서 개혁과 변화를 두려워한 조선중기 정치 문화의 일면을 엿볼 수 있다.

　그러나 성리철학이나 의리론에 침잠하는 순수 주자학자와는 다르게 역학易學—특히 상수역학象數易學—에 조예가 있는 학자 관료들은 혁신이나 개혁을 강조하는 측면이 강했다.

이지함과 관련이 깊은 『토정비결』에서 기본 원리로 응용하고 있는 것이 바로 『주역』이다. 이지함의 스승인 서경덕 역시 『주역』에 관심이 깊었다. 서경덕이 『주역』에 관심이 깊었다는 것은 먼저 '복재復齋'라는 그의 호와[14] '가구可久'라는 자에서 나타난다. 복재는 『주역』의 복괘에서, 가구는 『주역』「계사전繫辭傳」의 '유친즉가구有親則可久 유공즉가대有功則可大'라는 말에서 따온 것으로,[15] 서경덕이 얼마나 『주역』에 심취했는가를 짐작할 수 있다.

서경덕은 「복기견천지지심復其見天地之心」이라는 논문에서 순간적인 계기로서 시간성을 중시하고 있는데 이 또한 『주역』의 원리가 반영된 것이며, 이외에도 여러 저술에서 주역의 원리를 응용하고 있다. 주희의 『역학계몽』을 해설하면서 역점易占의 원리를 설명한 「괘변해卦變解」를 비롯하여, 『주역』의 상수학 혹은 역학적 사유에 바탕을 둔 논문 「황극경세수해」 「육십사변해」 「성음해」 등은 서경덕의 학문이 기본적으로 『주역』에 기반하고 있음을 보여준다. 이외에도 '총명한 성인이 세상에 나오지 않았다면 역易에 의거하여 근본 원리를 찾아보기 어려웠을 것이다'라고 한 「관역음觀易吟」이라는 시[16]에는 『주역』에 입각한 철학적 입장이 잘 나타나 있으며, 「주역을 보다가 우연히 앞뒤의 구절이 같은 수미음을 지었기에 주역을 공부하는 여러 사람에게 보임觀易偶得首尾吟 以示學易輩諸賢」이라는 시는 제목 자체에서 『주역』에 심취했음을 보여주고 있다. 특히 이 시에서 쓰인 '학역배學易輩'라는 표현에서 당시 주역을 공부하는 학자들이 많았음을 알 수 있다.

서경덕이 『주역』에 능통했다는 것은 김휴의 『해동문헌총록』과 같은 당대 및 후대의 여러 기록에서 드러나고 있으며,[17] 『선조실록』의 편찬자는 '근세의 역학은 서경덕 이후로는 전함이 없다'[18]고 말하기까지 했다. 신흠은 서경덕의 역학을 다음과 같이 높이 평가했다.

> 서경덕의 자질은 상지上知에 가까워서 시골에서 일어나 스스로 공부할 줄 알았고 소자邵子의 역학에 더욱 깊어서 황극경세의 수를 산출한 것이 하나도 틀림이 없으니 기특하다. 그로 하여금 중국에서 나서 큰 유학자의 문하에서 배웠더라면 그 고명하고 투철함이 그 이룬 것보다 더 높았을 것이다. 복희 역학의 방법을 아는 자는 우리나라에 이 한사람뿐이었다.[19]

여기서 『주역』의 논리 자체가 변화와 이상을 추구하는 변혁의 논리를 내포하고 있다는 점에 주목할 필요가 있다.[20] 『주역』은 우주와 인간을 하나의 조화로운 통일체로 구성되는 거대한 생명활동의 장場으로 말하고 있다. 즉 모든 존재는 통합적 전체로서 상호 관련되는 유기적 체계를 형성한다는 것이다. 생명의 동태적인 과정 속에서 세계를 존재의 연속성, 유기적 전체성, 존재의 다양성과 근원성을 화해라는 합일성 속에서 표현하고 있다. 『주역』에서는 천·지·인의 삼극을 '건곤' 혹은 '음양'의 상호 작용 속에서 통일시키는 것이다. 다시 말해 이들

상호 작용으로 운동과 변화라는 생명활동이 생겨난다고 말한다.[21] 『주역』의 내용 가운데 '수를 극진히 헤아려서 드디어 천하의 상象을 정립하니 천하의 지극한 변화에 이르지 않으면 누구와 능히 이것을 하리오 [極其數 遂定天下之象 非天下之變 其孰能與於此]'라는 표현에서도[22] 『주역』이 변화의 논리를 중시하고 있음을 볼 수 있다.

선조대에는 경연에서 자주 『주역』을 강론했다. 당시 선조가 『주역』에 능통했던 한효순에게 발언을 요구하자 '지금 세상 사람들은 단지 조박糟粕(찌꺼기)만 이해하지 변화무궁한 묘리는 아는 자가 없습니다'라고 답한 것이나,[23] 『선조실록』의 찬자가 『주역』은 바로 성인이 진퇴존망의 이치를 밝혀서 사람으로 하여금 삼가고 조심하여 어려운 일을 해결하고 어지러운 시기를 구제할 수 있는 방법을 알게 한 것이다'라고 기록한 것에서[24] 『주역』이 무엇보다 변화의 논리를 강조하며 현실의 난제를 해결하기 위해 중시되었던 학문 체계였음이 드러난다. 이지함이 서경덕의 문인으로 명종·선조연간을 살다 간 학자임을 고려하면 이지함과 『주역』의 연결 고리는 더욱 커진다.

'혁' 괘에서도 『주역』이 내포하는 변화성은 두드러진다. 혁괘의 상징은 '우물'이다. 우물물은 바꾸지 않으면 더러워지고, 바꾸어야만 깨끗해진다(『주역하경』, 혁). 변혁의 필요는 '서로 맞지 않음[不合]'에서 생기는 것으로 파악한다. 즉 '혁'은 다음에 올 합슴 또는 조화의 상태를 향한 운동을 상징하는데, 그 과정에서 주역은 한 가지 방식을 고집하지 않고 상황과 단계에 따라 방식을 달리한다. 목적이 좋은 일이라도

'때에 맞음[時中]'을 잃어버리면 달성되기 어렵다는 것을 곳곳에서 암시한다. 다시 말해 지혜와 능력, 기다릴 줄 아는 능력까지 갖춘 변혁 주체가 '긴 호흡'으로 사안을 관리하면서 백성들의 신뢰[孚]를 끌어내야만 '변혁'이 성취될 수 있다는 것을 가르친다.

『주역』은 "변혁하는 것은 큰일이므로 반드시 시기[時]와 지위[位], 능력[才]를 갖추어야 하고, 깊이 생각하며 신중하게 움직여야만 후회가 없다"고 말한다. 세 가지를 갖추지 않았으면서도 조급하게 움직이면 실패와 허물[凶咎]만 남는다고 계시한다. 또한 임금과 신하 사이에 믿음이 있고, 백성들의 '신뢰'를 확보하는 것만이 변혁의 완전한 성공을 담보하는 것이라 가르친다. 백성이 따르고 인심이 화평하게 될 때까지 '기다림'의 길도 보여주고, 변혁해야 할 때 변혁하지 못하면 허물이 있다는 것도 계시한다. 변혁을 실시할 때는 정성을 다하여 임해야 하고, 윗사람은 신뢰로 하고 아랫사람은 순종해야만 성취된다고 가르친다.

시기, 지위, 능력을 갖춘 기반 위에서 변혁을 추구할 때 가장 효과가 있다는 것은 현재에도 그대로 적용될 수 있는 개념이다. 이지함의 경우에 한정해서 본다면 그 자신이 변혁에 대한 뛰어난 자질을 갖췄음에도 불구하고 시기를 찾지 못했고, 현감이라는 지위 또한 그의 이상을 실현하는 데에는 적합하지 않았다고 여겨진다.

정치와 사상에서 불변의 '리[理]'를 추구하면서 조선사회를 보수적이고 안정적으로 이해하려는 정통 성리학자들과는 달리, '기[氣]'의 '변화와 운동성'을 중시한 학자들은 『주역』의 이해를 필수적인 것으로 보았다. '혁신'이나 제도 개혁을 시도하는 경우 『주역』은 기본적인 사유의 틀이라 해도 과언이 아니다. 주기철학을 확립한 서경덕과 그의 학풍을 계승한 이지함의 사상에서 '혁신'과 '진보'라는 단어가 그리 낯설지 않은 것은 이러한 『주역』 중시와 연관된 점이 많아 보인다.

『해동전도록』『해동이적』, 그리고 이지함

이지함의 사상 형성에서 빠질 수 없는 것이 바로 도가사상이다. 그리고 도가사상은 조선사회에서 저류적 흐름으로 그 맥을 이어오고 있었다.

이지함이 도가 사상에 상당히 경도된 모습을 대표적으로 입증하는 것은 『해동전도록』『해동이적』 같은 도가의 맥을 정리한 서적에 그의 이름이 등장한다는 점이다. 이 장에서는 『해동전도록』과 『해동이적』이 담고 있는 내용이 무엇인지 검토하면서 이지함의 사상 속으로 들어가 본다.

도맥을 기술한 『해동전도록』

『해동전도록海東傳道錄』은 인조 때 한 승려가 관동 지방을 유람하다가

도적에 연루된 혐의를 받아 관원이 소지품을 뒤지자 바랑에서 나왔다는 책이다. 이 책을 입수한 고을 원은 승려를 풀어준 후 택당擇堂 이식李植(1584~1647)에게 이 책을 전했으며 이후 세상에 알려지게 되었다. 원래의 저자는 한무외韓無外로 1610년(광해군 20) 10월 24일에 지은 것으로 기록되어 있다. 한무외는 곽치허郭致虛에게 비방을 배웠으며, 순안順安의 훈도로 있을 때는 안접사의 종사관으로 온 허균에게 신선이 되는 도를 가르쳤다고 한다.

『해동전도록』은 서두에 이 책을 입수하게 된 경위가 나와 있고 이어 한무외가 정리한 도맥의 전수과정이 기록되어 있다. 도맥은 당의 종리권鍾離權에서 연원한 중국의 도맥과 신라인 최승우崔承祐, 김가기金可紀, 자혜慈惠로부터 비롯된 우리나라 단학파丹學派의 계보를 서술하고 있다. 이어서 이식이 1647년에 쓴 부기附記와 신돈복辛敦復의 부연 설명이 기록되어 있다. 이식은 부기에서 『해동전도록』을 발견하기 이전에 이미 주부 김모와 더불어 이에 관한 이야기를 나눈 적이 있었으며, 『해동전도록』은 위작이 아니고 도인道人에 의해 서술되었을 가능성을 제기하고 있다. 부록에는 『단서구결丹書口訣』16장, 『단가별지구결丹家別旨口訣』, 정렴의 『용호결龍虎訣』과 같은 비결류가 붙어 있다.

『해동전도록』은 우리나라에 도교가 전래되어온 과정을 기술하면서도 중국에 그 사상적 연원을 두고 있다는 점이 특징이다. 즉 전진교全眞敎의 7대 조사祖師 중 한 명인 당나라 종리권을 도맥의 시초로 보고, 입당入唐 유학생 최승우, 김가기, 승 자혜 3인에 의해 우리나라에 전파되 있다고 본다. 우리나라의 도맥은 자혜를 거쳐 명법明法 → 권청權淸 → 설현偰賢(원나라 사람) → 한계산寒溪山 → 김시습에게 이어진 것으로 파악했다. 김시습은 홍유손洪裕孫에게 천둔검법天遁劍法과 연마진결鍊魔眞訣을, 정희량鄭希良에게 옥함기玉函記와 내단요법內丹要法을, 윤군평尹君平에게 참동계參同契와 용호비결龍虎秘訣을 각각 전수했다고 한다. 김시습을 조선 도맥의 비조로 파악하고 있는 것이다.

이어 정희량의 도법은 승 대주大珠를 거쳐 정렴과 박지화에게 이어졌고, 윤군평은 곽치허에게 전수했다. 신돈복의 부기에 의하면 곽치허는 바로 『해동전도록』의 저자인 한무외에게 전수했다고 한다. 홍유손은 밀양에 사는 청상과부 박씨에게 도를 전수했고, 박씨는 묘관妙觀으로 이름을 고친 후 다시 장세미張世美에게 전했다. 장세미는 강귀천姜貴千에게, 강귀천은 장도관張道觀에게 이를 전했다. 그런데 홍유손이 도를 전했다는 장세미·강귀천·장도관 등은 실존 인물이 아니라 이름의 한자가 암시하듯 '세상을 아름답게 한다' '귀천에 관계없이 모든 사람에게 전한다' '도를 관통한다'는 뜻을 이름에 담은 것이 아닌가 여겨진다. 이들 이름이 다른 기록에서는 전혀 보이지 않을뿐더러 그 이름 자체가 도가의 보편성과 우월성을 강조하고 있기 때문이다.

위에서 살펴보았듯이 『해동전도록』에는 이지함의 이름이 나와 있지 않다. 그런데 19세기 학자 이규경이 쓴 백과사전적 저술『오주연문장전산고』는 『해동전도록』의 도맥을 다시 소개하면서 이지함이 도맥의 연장선상에 있는 인물임을 밝히고 있어서 이지함과의 관련성을 시사하고 있다. 『오주연문장전산고』에서 언급한 도맥은 중국의 종리권과 우리나라의 김시습을 비조로 한 점에서는 일치하지만, '스승의 전수가 알려지지 않는 사람'이라 하여 남추南趎·최홍崔鴻·장세미張世美·강귀천姜貴千·이광호李光浩·김세마金世麻·문유빈文有彬·정지승鄭之升·이정해李廷楷·곽재우·김덕량金德良·이지함·정두鄭斗 등을 기록하였는데, 이 부분에선 『해동전도록』과 차이가 난다. 『오주연문장전산고』의 기록은 결국 이지함이 조선 도가의 중요 인물임을 보여주는 것이다.

도가적 자취를 기록하다, 『해동이적』

『해동이적』은 조선후기의 학자 홍만종洪萬宗이 1666년(현종 7) 스물네 살 때 편찬한 도교 계통의 설화집이다. 앞에 정두경의 서문이 있고, 이어서 편자인 홍만종의 제題와 목록 및 본문이 있으며 끝에 송시열의 발문이 있다. 『해동이적』에 수록된 인물은 단군에서 곽재우까지 총 32화 40인이며, 홍만종의 저술 동기는 이와 같다.

우리 동방은 천하에서도 으뜸가는 산수를 가지고 있다. 세칭 삼신산이 모두 이 나라 안에 있다. 그래서 세상을 버리고 자취를 감추는 선비들은 선문禪門에 기탁하기도 하고, 산림에 은거하기도 하며, 시중에 혼거混居하기도 하면서 그 영이靈異한 자취가 또렷하게 여러 사람에게 전해지고 있다. 빼어난 땅에 뛰어난 인물이 난다는 말은 과연 거짓이 아니다. 다만 그런 사적들이 여러 책에 산발적으로 나타나므로 조사하고 찾아보기에 어려움이 있어 한 권의 책으로 편집하였다.(홍만종, 『순오지旬五志』「해동이적제海東異蹟題」)

홍만종은 『해동이적』에서 도가적 자취가 뚜렷한 인물의 신이한 행적과 일화를 편집하여 구성했다. 그런데 조선시대 인물 중에는 서경덕을 비롯하여 이지함, 곽재우, 박지화 등 서경덕 계통의 인물이 다수 포함되어 있다. 이를 통해서도 서경덕과 그의 학풍을 계승한 인물들이 도가적 성향을 지녔음은 충분히 짐작할 수 있다.

『해동이적』에 수록된 인물의 명단은 아래와 같다.

단군, 혁거세, 동명왕, 사선四仙(술랑), 남랑, 영랑, 안상, 옥보고, 김소이선金蘇二仙(김겸효), 소하, 대세구칠, 참시旵始, 김가기, 최치원, 강감찬, 권진인, 김시습, 홍유손, 정붕, 정수곤, 정희량, 남추, 지리선인, 서경덕, 정렴, 전우치, 윤군평, 한라선인, 남사고, 박지화, 이지함, 한계노승, 유형진, 장한웅, 남해선인, 장생, 곽재우.

열거된 인물 중에는 정렴, 남사고, 이지함처럼 조선중기 비결서의 저자로 알려진 인물들과 지리선인, 한계노승, 남해선인 등 실존 인물이 아닌 것으로 추정되는 이들이 다수 포함됐다는 점이 눈길을 끈다.

화담학파와 도가 사상

『해동이적』과 『해동전도록』을 살펴보면 서경덕과 그의 문인들 중에는 스승의 학풍을 계승하여 처사적 삶을 지키면서 도가 사상에 심취한 학자가 많았다는 게 특징으로 드러난다. 서경덕은 앞서도 지적한 바와 같이 성리학자이면서도 도가 사상을 절충하였다. 따라서 그의 학문을 계승한 학자들 역시 성리학 이외의 다양한 학문과 사상을 절충하여 보합하려는 측면이 두드러졌다. 이것이 결국 『해동이적』에 그들의 이름이 기록되는 이유가 되었을 것이다. 박지화와 이지함, 서기는 제자들 중에서도 특히 도가적 성향이 두드러진다. 박지화가 서얼이고 서기가 사노私奴 출신인 점, 이지함이 명문가 집안 출신임에도 신분에 구애되지 않는 사상 성향을 보인 점을 고려할 때, 신분에 구속되지 않는 인물을 중심으로 도가 사상을 절충하고 있었음이 흥미롭다. 전우치는 서경덕과 같은 개성 출신으로 소설 『전우치전』에서는 서경덕과 도술을 겨루는 것으로 묘사되는 등 그와 깊은 인연을 맺은 인물이다.

노장 사상으로 대표된 도가 사상이 지니는 비규범적인 체계와 모든 사람에게 피안의 장을 제공해준다는 점은 신분에 얽매이지 않는 이들 학자에게 매력으로 다가섰음이 틀림없다. 앞서 언급했듯이 도가 사상을 절충하는 흐름은 사화기라는 정치적 탄압기와 전란을 겪고 난 시기에 특히 유행한 것을 볼 수 있다. 이것은 정치·사회적 위기에 다양한 학문과 사상에 대한 관심이 증대하는 현실을 반영한 것으로 보여진다.

『해동전도록』이나 『해동이적』 등에 수록된 인물이 주로 사화와 왜란을 겪은 16~17세기 인물인 것도 이러한 시대적 분위기를 뒷받침해주고 있다. 특히 이들 책에는 서경덕을 비롯하여 전우치, 박지화, 이지함, 정렴, 정작 등 서경덕의 문인과 교분을 형성한 인물들이 다수 기록되어 있어서 도가사상이 조선중기 학파의 특징을 나타내는 지표가 됨을 알 수 있다.

도가 사상은 한 집안에 의해 대대로 계승되는 측면도 나타난다. 즉 부자나 형제 등 가족 전체가 이 사상을 수용하는 것인데, 서경덕의 아우 서숭덕이 도가적 성향을 보였던 점, 정렴과 정작 형제 역시 함께 도가에 해박했던 사실, 윤군평 부자가 함께 도가에 심취한 것 등은 대표적인 예다.

한편 문학 연구에서는 조선시대의 이인설화 분석을 통하여 당시 도가 사상이 광범위하게 수용되었던 측면을 언급하고 있다. 즉 이인설화가 16세기 이후에 많이 회자하였음을 밝히고 이러한 배경에는 사상적 흐름이 있음을 드러내고 있다. 16세기 사상사는 혼미했던 당시 정치사에 대응하는 두 가지 상이한 방식에 의해 나뉜다. 즉 이황 등에 의해 대변되는 이른바 정통 유학의 내면화를 기하는 쪽과, 이인설화로 상징되는 이른바 도가를 끌어들여 유·도의 사상적 융합을 이뤄 유학만으로 감당하기 어려운 현실에 대처하고자 하는 것이다. 이중 서경덕, 이지함, 정렴 등이 이인설화에서 가장 인기 있는 인물로 등장하고 있어 그만큼 이들이 민중의 의식 속에 친숙하게 자리했었음을 보여준다.

도가 사상은 비규범적인 사상 논리로, 신분적으로 불우한 처지에 있던 이들에게 쉽게 수용되기도 했으나 성리학을 이해함에 있어 상당한 경지에 이른 인물들 역시 이를 수용하고 있었다. 조식과 서경덕 같은 인물이 대표적으로, 이들은 성리학을 보완하는 사상 체계로서 도가 사상을 절충하는 입장에 서 있었던 것이다. 이러한 점을 고려할 때 이지함에게서 나타나는 도가적 성향은 그의 기인적인 면모만을 보여주는 지표가 아니라는 점을 알 수 있다. 도가 사상의 수용에도 인색하지 않았던 이지함의 다양하고 개방적인 학풍은 동시대를 살아간 학자들에 의해서도 상당히 공유되고 있었던 것이다.

이관명李觀命이 이지함의 시장諡狀을 쓰면서 '선생의 뜻은 화담의 조예고명造詣高明과 남명의 입지뇌확立志牢確과 가히 백중이라 이를 만하다'라고 평한 바는 이러한 분위기를 적절히 표현한 것이다. 다만 조선 중기 이후 주자성리학 중심으로 사상계가 재편되고 성리학의 이론과 철학에 대한 관심이 깊어지면서 다양한 학문과 사상에 대한 관심은 이단으로 취급되거나 사상의 주류에서 밀려나고 말았다. 1623년 서인들이 주도한 인조반정의 성공은 조선의 사상계를 주자성리학 중심으로 완전히 재편하는 계기가 되었고, 이 과정에서 도가사상은 저류적 흐름으로서 그 명맥만을 유지하게 되었다.

물아일체론의 소옹과 닮다

이지함의 인물됨에 대한 여러 평가에서 흥미를 끄는 대목은 중국 북송대의 성리학자인 소옹邵雍(1011~1077)과 비교한 것이다. 정호는『토정유고』서문에서 소옹의 기인적인 측면을 이지함과 대비시켰다. 소옹은 이전까지 시대를 풍미했던 도교 사상의 요소들을 자기 학문에 적극 흡수했으며, 역학이나 상수학에 능통한 학자였다. 서경덕의 역학이나 상수학도 소옹의 영향을 받은 측면이 크다.

소옹의 자는 요부堯夫, 호는 강절康節이다. 범양范陽 출신으로 어릴 적부터 큰 뜻을 품고 사방을 돌아다녔다. 그가 이룬 학문의 특징으로는 우선 우주의 수적數的 해석을 들 수 있다. 그의 저술『황극경세서』에 그 설명이 있는데 대체로『주역』과 맥을 같이한다.『주역』은 태극太極·양의兩儀·사상四象·팔괘八卦를 말하고 그 가운데서도 양의를 중시하여 천하 만물을 음양의 이원으로 풀이하는 데 비하여, 『황극경세서』는 사상을 중시하고 모두 사四의 수를 가지고 설명하는 것이다. 4의 수는 인사人事에도 적용된다. 고금의 치란흥폐治亂興廢는 모두 여기에 의거하여 추리해볼 수 있다. 즉 예로부터 천하의 군주들은 그 명命이 넷으로, 정명正命, 수명受命, 개명改命, 섭명攝名이 그것이다. 정명은 삼황三皇, 수명은 오제五帝, 개명은 삼왕三王, 섭명은 오백五伯인데, 이것을 사계四季로 배당한다면 삼황은 봄, 오제는 여름, 삼왕은 가을, 오백은 겨울이다. 한나라 이래 오대五代에 이르기까지 모두 이 분류법에 따라 나눌 수 있다.

소옹의 인생관에서 주목할 만한 것은 물아일체론이다. 즉 '물物에는 크고 작음의 구별이 있고 사람에게는 어질고 어리석음의 구별이 있는데, 모두 본체의 발현이면서도 사시사유의 감응 방식이 동일하지 않기 때문에 이런 차별이 있는 것이지만, 원래는 모두 동일하며 그 사이의 구별은 없을 것이다. 그러나 주관적으로 나我라고 하는 관념을 뿌리로 하고 있기 때문에 물과 나라는 차별적 관념이 생기는 것이다. 만약 객관적으로 나도 타인도 하나의 물이라는 관점에 입각해서 본다면 만물은 일체다. 그와 동시에 물이 나이고[物我一體], 내가 즉 천지이고 본체라고 생각한다면 천인합일의 경지에 이르는 것은 결코 어려운 일이 아닌 것이다'라고 하였다. 그런데 역학에 조예가 깊고 도가 사상에 심취해 있으며 사방을 유력한 소옹의 행적은 이지함의 그것과 유사한 측면이 많다.

이지함의 스승인 서경덕 또한 장재나 소옹 등 북송대 성리학자들의 학문에 영향을 받았다는 기록이 많다. 먼저 선천先天의 기氣로써 우주 만물의 본체 또는 본원으로 삼은 장재의 독특한 관점을 서경덕은 적극 수용했다. 소옹과의 관계에 대해서는 서경덕의 '이수지학理數之學은 소옹 이후 최고'라는 평가가 내려질 만큼 두 사람은 상수학에 조예가 깊었다. 이이가 '서경덕의 학문이 장횡거에게서 나왔다'고 하자 서경덕의 제자인 허엽은 "서경덕의 학문이 '소장정주邵張程朱(소옹·장재·정호·정이)'를 겸비했다고 하는 것이 옳다"고 하여 그가 중국 선유들의 제 학설을 섭렵했음을 강조한 부분은 서경덕 학문의 특징을 잘 보여주고 있다.

북송대 성리학은 주희가 완성한 남송대의 주자성리학과는 달리 그 이전까지 사상계를 풍미했던 불교나 노장 사상의 철학적 기반을 많이 원용한 단계였다. 장재나 소옹은 도가 사상에서 큰 영향을 받았기 때문에 성인의 경지에 대하여 논할 때에는 거의 도교에 가까웠으며, 그 우주론 또한 도교적인 분위기로 꽉 차 있었다는 평가를 받는다(노사광). 이들은 처세에 있어서도 은둔자적인 모습을 보였다. 소옹은 중년에는 사방으로 노닐며 다니다가 낙양으로 되돌아왔으며 그 뒤로는 낙양에서 오랫동안 살았다. 그의 생활은 고고한 선비형[高士型]이었으며 '산인은사山人隱士'로 지칭되기도 했다.

특히 서경덕은 소옹의 학문에 깊은 영향을 받았으며 삶에 대한 태도 또한 소옹의 그것과 유사한 부분이 많다. 소옹의 출신지인 범양은 당나라 시대 이래로 역사적 연고가 깊은 지역이었다. 서경덕이 학문의 중심지로 삼았던 개성이 고려 왕조의 수도로 역사가 깊은 도시인 점을 고려하면 둘의 지역은 공통점이 있다. 이외에 지방에 은거하며 청빈한 생활을 한 점, 전국을 유람하면서 견문을 얻은 점, 『주역』을 학문의 중심으로 삼은 점, 일화에서 예언자적 능력을 인정받은 점, 중앙으로부터 천거를 받은 점 등 공통점이 많다. 서경덕은 다음의 시들에서 자신을 바로 소옹에 비유하고 있다.

> 꽃 아래에 술병 돌리니 소나무 위에 달이 높이 솟았네
> 시를 읊으니 소요부(소옹)에 비길 만하네[25]

> 근일 서재에서 독서하기에 여유가 있네
> 우리 유수留守를 얻음에 즐거움이 넉넉하네
> 사마공의 청안青眼을 맞아서
> 천진교天津橋의 소자邵子(소옹의 집)에 한번 오시길 바라네[26]

서경덕이 학풍에 있어서뿐만 아니라 처세에 있어서도 소옹을 닮으려 한 점은 매우 주목할 만하다. 서경덕이 소옹과 같이 처 사상을 견지한 것은 사화로 대표되는 비판적인 정치 현실에 관심을 두지 않고 학문 탐구를 통하여 진리를 찾으며 고고한 선비의 풍모를 찾아가려 했기 때문일 것이다. 서경덕의 이러한 처세는 16세기를 대표하는 처사형 학

소나무 아래의 적막함과 한가함. 은일 선비들은 소나무 아래에서 술을 마시기도, 향을 피우기도, 폭포를 바라보기도, 독서를 하기도 했다. 그림은 윤제홍, 〈송하소향도〉, 종이에 수묵, 28.5×43.1cm, 19세기, 개인 소장.

자인 조식이나 이지함의 처세와도 맥을 같이하고 있다.

앞서 언급했듯이 주돈이, 장횡거, 소옹 같은 북송대 성리학자들은 무엇보다 사상이나 행적에서 도가적인 측면이 많다는 평가를 받는다. 그런데 16세기 조선의 성리학자 중에서도 정통 성리학 입장과는 거리가 있는 서경덕, 조식, 이지함 등이 북송대 학자들의 학문 경향과 유사한 측면을 많이 보인다. 결국 조선시대 사상계에서도 주자성리학이 정착되는 과정에서 북송대 성리학을 수용하는 흐름이 있었음이 나타난 것이다.

실학의 선구자로 평가받고 있는 이수광의 경우도 소옹의 「물아일체론物我一體論」으로부터 많은 영향을 받았다고 했는데, 김시습이나 이지함같이 성리학이 아닌 이단 사상에 대해 포용력이 크고 처사의 삶을 지키면서 민생을 걱정했던 학자들에게 소옹은 상당히 매력적인 인물로 다가섰다.

그러나 북송대 성리학에 대한 관심은 다른 한편으로는 주자성리학이 조선사회에서 완전히 정착하지 못했음을 입증하기도 한다. 조식이『주자대전』보다는『성리대전』에 많은 관심을 가지고, 실천의 문제에 주력한 것은 이러한 경향을 잘 보여준다. 결국 조선중기 이황이나 이이의 등장으로 성리학에 대한 연구가 깊어지면서 북송대 성리학은 조선에서 점차 비판·극복되고, 주자성리학 중심으로 사상계가 재편되었다고 할 수 있다. 이황의 등장은 이러한 흐름을 대표한다고 볼 수 있다.

북인계와 뜻을 같이하다

이지함은 서울과 충청도 일대에서 활동하면서 지역적 기반으로 말미암아 서인계 인물과도 폭넓게 교유했지만, 그의 학풍과 행적은 오히려 북인계 학자와 유사한 측면이 많다. 이지함은 북인 학통의 원류가 되는 조식·서경덕뿐 아니라 이들의 제자인 이발·최영경 등과도 교분을 나눴다. 즉 지역적 기반은 서인일지라도, 내적인 친밀도는 북인과 가까웠다. 북인이 이지함에게 정신적·사상적으로 이끌리는 정파가 되었던 까닭은 무엇일까?

북인의 주축이 되었던 조식과 서경덕의 문인들은 다른 당색의 학자들에 비해 주자성리학에 덜 구속적이고 다양했다는 평가를 받는데, 이지함의 학풍에서도 그 유사성이 나타나고 있다. 특히 이지함이 서경덕을 직접 찾아가 학문을 배운 것이나 지역을 초월하여 조식과 교유한 것에서 이들 간에 사상적으로 상통하는 측면이 많았음을 알 수 있다. 이지함은 기질적 측면에서 조식과 비슷했다. 타협을 모르고 직선적인 성격인 조식의 기질에 대해서는 '벽립만인壁立萬仞' '추상지기秋霜志氣*' 등으로 표현되어 그의 강한 성향을 보여주고 있다.[27] 그런데 이산해가 이지함의 제문을 쓰면서 '천인벽립千仞壁立'이라고 표현한 것에서[28] 조식과 이지함의 기질이 비슷하다는 것을 단적으로 알 수 있다. 이지함과 조식은 관료로 진출하는 핵심 코스인 과거시험을 기피하고,[29] 저술을 즐기지 않았다는[30] 공통점도 있었다.

이지함은 1573년(선조 6)에 정인홍, 최영경 등 조식의 핵심 문인들과 함께 천거를 받았는데, 이러한 점도 조식과의 친분을 강화하는 데 도움이 되었을 가능성이 크다. 최영경은 『연려실기술』에서는 그의 기상을 '벽립천인'으로 표현하여 조식의 기질을 그대로 닮았다고 했는데,[31] 비슷한 기질의 이지함과도 잘 통했을 것으로 추측된다. 최영경은 '효도와 우애가 지극해서 청고淸苦하기는 당세에 제일이었다'는 평을 받았으나,[21] 점차 북인의 중심인물인 이산해 등과 교분을 유지하면서 정치에도 관심을 갖게 되었다.

1589년 정여립의 역모 사건은 그의 위치가 얼마나 컸던가를 잘 보여준다. 역모 사건이 일어난 후 최영경은 뚜렷한 증거 없이 반란의 주모자인 길삼봉吉三峰으로 지목받아 처형을 당했다. 그가 진주의 옥에 갇

* 만 길이나 되는 절벽에 우뚝 서 있는 듯한 기상.
** 가을 서리의 뜻과 기상.

혀 있을 당시 수많은 선비들이 그를 보러 올 정도로 명성이 높았다고 한다.

이지함은 이발李潑(1544~1589)과도 교분을 유지했다. 이발은 서경덕의 문인인 김근공, 민순에게 학문을 배워 화담학파의 학문적 흐름을 계승한다. 정파로는 북인의 중심인물이었다.『당의통략黨議通略』과 같은 조선후기 당론서의 기록도, 동인이 남인과 북인으로 분열할 때 남인의 영수는 유성룡과 우성전, 북인의 영수는 이발을 꼽았다. 남북이라는 명칭도 우성전이 남산에, 이발이 북악산에 살았기 때문으로 기록하고 있다. 이발은 그만큼 북인의 핵심 인물이었던 셈이다.

이발은 이조전랑·대사간 등 핵심 벼슬을 지냈으며, 특히 관리 인사의 추천권을 가진 이조전랑직에 있을 때는 자파의 인물을 등용하여 반대 세력의 원망을 많이 샀다. 서인인 정철이 선조대에 세자를 세울 것을 건의하다가 탄핵을 받았을 때는 정철에 대한 강경한 처벌을 주도하기도 했다. 이지함과 이발은 각별한 사이였다. 이지함이 제주도에서 돌아오면서 해남에 있는 이발의 집을 찾았을 때, 이지함이 전국을 유랑하여 매우 곤궁함을 알고 최선을 다해 대접했다고 한 기록은 이를 뒷받침한다.[33]

1589년(선조 22)에 일어난 기축옥사는 동인 내부에서 북인과 남인으로 분립이 이루어지는 중요한 계기가 된 사건이었다. 흔히 정여립 모반 사건으로 불리는데, 이때 정여립을 비롯하여 최영경, 조종도, 정개청, 이발 등 조식이나 서경덕의 문인들이 많이 연루되었다. 이지함은 이 사건 전에 이미 사망했지만 이발·최영경 등 그와 교분이 있었던 인사들이 큰 피해를 입었으며, 이지함의 제자인 서기는 '미반未反의 여립'으로 일컬어졌던 정개청과 교분이 깊었다. 기축옥에 정개청이 연루되자 이득윤이 서기의 신변을 걱정했다는 기록이나,[34] 서기가 정개청의 시에 화답한 것에서[35] 서기와 정개청의 교유관계를 짐작할 수 있다. 서기가 기축옥사에 일정 부분 관련된 것을 보면 서기에게도 북인과 교유가 있었음이 드러난다. 즉 이지함의 제자에게서도 북인과의 연관성이 드러난 것이다.

『연려실기술』은 "기축옥사에서 북인이 많이 죽은 것은 대개 정여립이 북인 계열이었기 때문이다"[36]라고 하여 정여립을 북인 계열로 규정하고 있다. 실제 기축옥사로 말미암아 서경덕·조식의 학통을 계승한 북인들이 많이 희생되었으며, 서경덕의 제자 이발과 조식의 제자 최영경은 각각 화담학파와 남명학파를 대표하는 희생자였다. 그리고 이들 모두가 이지함과 교분을 유지한 사실에 주목할 필요가 있다.

이처럼 이지함이 후에 북인이나 서인의 영수로 활동하는 인물들과 무난하게 친분을 유지한 것은 사실이지만 스스로 당파적 색채를 띠지는 않았다. 이는 그의 자유로운 유랑자적 기질이 폭넓은 교유관계를 형성했던 때문이기도 했다. 또한 이지함이 활동하던 시기는 동인과 서인의 대립이 치열하게 전개됐던 때가 아니어서 이지함은 특정 당인黨人으로 활동하지는 않았다. 다만 그는 훗날 서인과 북인의 중추가 되는 인물과 생전에 친분을 유지하였다. 이지함과 이이, 성혼 등 후에 서인의 핵심 인물이 되는 인사들과의 교유에는 지역적인 근접성이 크게 작용한 것으로 여겨지며, 조식·서경덕 등 북인의 원류가 되는 학자들과의 교분은 학풍과 현실에 대한 입장의 유사성이 주된 요인으로 풀이된다.

제6부

현실을 꿰뚫고 비판하라

약으로도 구제할 수 없는 정국

명종대 후반 문정왕후의 수렴청정이 종말을 고하면서 조선 정국은 사림과 학자들이 점진적으로 정치에 참여할 수 있는 기반을 만들어가고 있었다. 그런데 16세기 사화라는 정치 현실에 회의를 느끼고 은거를 결심한 사림파 학자들의 현실관은, 이들이 본격적으로 정치의 중심에 서는 참여의 시기를 맞으면서 두 그룹으로 나뉘게 되었다.

문정왕후의 수렴청정이 끝나고 외척 정치를 주도했던 윤원형 일파가 제거되는 명종대 후반 이후에는 정국을 낙관적으로 바라보고 현실 정치에 참여하는 학자들이 형성되기 시작했다. 그러나 다른 한편에서는 현실 정치를 여전히 모순과 비리에 가득 찬 것으로 보고 계속해서 은거를 고집하는 학자들도 여전히 존재했다. 선조의 즉위로 외척 정치의 시대가 청산되고 사림 정치의 시대가 본격적으로 열리기 시작했을 때, 당대의 사림파를 대표했던 학자 이황과 조식의 현실 인식의 차이는 서로 다른 경향을 보여준 대표적인 사례다. 이황은 당시의 정치 현실을 낙관적으로 인식했다. 자신은 물론 문인들도 대거 정계에 포진시키면서 정치를 담당할 수 있는 시기라고 파악했던 것이다. 그에 반해 조식은 정치 현실을 여전히 부정적으로 인식하며 '구급救急'이라는 표현으로 당시 사회가 위기의 시기임을 지적했다. 선조 즉위 직후인 1567년 조식이 올린 상소문은 처사형 학자의 인식을 잘 보여주고 있다.

엎드려 생각하옵건대 주상께서 늙은 백성을 부르시는 뜻은 변변치 못한 늙어빠진 몸을 보고자 하심이 아니고, 진실로 한마디의 말이라도 들어서 만에 하나 임금님의 덕화에 보태려 하시는 것입니다. 그러므로 '구급救急'이라는 두 글자를 나라를 부흥시키는 한마디로 삼아, 제가 몸 바치는 일을 대신하기를 청합니다. 제가 엎드려 보건대 나라의 근본은 쪼개지고 무너져서 물이 끓듯 불이 타듯 하고, 여러 신하들은 거칠고 게을러서 시동尸童 같고 허수아비 같습니다. 기강이 씻어버린 듯 말끔히 없어졌고, 원기元氣가 온통 나른해졌으며, 예의가 온통 쓸어버린 듯하고 형정刑政이 온통 어지러워졌습니다. (…) 온갖 병통이 급하게 되어 하늘의 뜻과 사람의 일 또한 예측할 길이 없습니다. 이러한 폐단을 버려두고 구제하지 않으면서 한갓 헛된 이름만을 일삼고 의견만 독실한 사람을 따르고 있습니다. 아울러 산야에 버려진 사람을 찾아 어진 이를 구한다는 아름다운 이름만을 일삼으려 하는데, 헛된 이름으로는 실질적인 어려움을 구제할 수 없습니다. 이는 마치 그림의 떡으로 굶주림을 구제하지 못하는 것과 같으니 발등에 떨어진 급한 일을 구제하는 데는 전혀 보탬이 되지 않습니다. 청컨대 완급과 허실을 다시금 분간해서 처리하십시오.[1]

상소문에서 조식은 사회의 모순이 극에 달한 시기로 구급의 처방이 필요하다는 것을 강조하였다. 국왕 선조에게 헛된 이름으로 선비를 등용하지 말고 실질적으로 필요한 정책들을 펼쳐나갈 것을 청하였다. 자신이 출사할 수 없는 이유 또한 헛된 이름만 가진 채 실질적인 정책을 펼 수 없는 위치에 있기 때문임을 은근히 내비쳤다.

이지함의 경우도 조식의 현실관과 비슷한 입장을 취하였다. 그는 선조대에 이이를 찾아갔다가 여러 학자들과 모여 담소하는 기회가 생겼을 때 "지금의 세도勢道는 원기元氣가 이미 없어져서 손을 쓰거나 약으로 구제할 길이 없다"고 하면서 당시를 위급한 시기로 파악했다. 원기가 없다고 표현한 것이나 손을 쓸 수도 약을 쓸 수도 없는 위기의 때임을 강조한 것은 '구급'이라는 표현으로 급박하게 현실의 위기를 지적한 조식의 인식과 유사하다. 그러나 이지함은 자신이 살아가는 현실을 인식하는 데에만 머무르지 않았다. 위기를 극복하기 위한 구체적인 방안들을 구상했으며, 그것은 민생 안정과 국부 증진이라는 적극적인 사회경제 정책의 수립으로 나타나게 된다.

이지함이 이이가 고향으로 돌아가자 이를 적극 비판한 것 역시 그의 위기론적인 현실 인식과 궤를 같이하고 있다.

> 부모의 병이 몹시 중하여 아들이 약을 받들어 올리는데 병석의 부모가 몹시 쇠하여 약사발을 땅바닥에 내던지고 때때로 아들의 얼굴에다가 던지기도 하여 그 코나 눈을 다치게 하면, 자식 된 자는 장차 물러가야 되겠소, 눈물을 흘리면서 어서 약을 드시라고 권해야겠소? 이로써 그대의 시비를 알 수 있는 셈이오.

이지함은 위중한 부모를 위해 약사발을 들게 하는 것이 자식의 도리인 것처럼 이이가 위기의 정국에 적극 참여하여 이에 대한 대책을 세울 것을 이이에게 요구했다. 이 말에 대해 이이는 "그 비유는 대단히 적절합니다. 단지 군신과 부자가 간격이 꼭 없겠습니까. 우리 존장(이지함)의 말씀과 같으면 인신人臣이 어찌 버리는 의리가 있을 수 있으리요"라고 답했다 한다. 그만큼 이지함의 논리가 틀리지 않았음을 인정한 것이다.

이지함이 포천현감으로 있으면서 올린 상소문은 실제 현실에서의 위기적 상황을 구체적으로 지적했다는 점에서 주목된다. 상소문에 나타난 그의 목소리를 들어보자.

> 포천현의 형편은 이를테면 어미 없는 고아 비렁뱅이가 오장이 병들어서는 온몸이 파리하고 기름과 피가 다하여 피부가 말랐으니 그가 죽는 것은 아침

이 아니면 저녁입니다. 비록 황제黃帝·기백岐伯이라도 그의 생각을 짜내고 마음을 다해서 그 의술을 만단으로 한 뒤에야 비로소 죽음에서 살려내는 방법을 그와 함께 의논할 수 있습니다. 하물며 신의 용렬함으로서는 비록 이들을 구원하고 싶지만 어떻게 할 바가 없습니다. 그러나 차마 그 죽음을 그대로 두고 보고만 있을 수는 없기에 감히 세 가지 계책, 상책·중책·하책을 올립니다.

이지함은 당시 백성들이 엄청난 위기의 시기에 빠져 있음을 지적한 후 자신이 맡은 포천현의 구체적인 사회경제적 실상을 지적하고 있다.

포천의 장정은 겨우 수백이지만 공사 천인의 남자, 여자, 늙은이, 어린이를 합하면 그 수가 수만 명을 내려오지 않으며, 토지는 메말라서 경작하여도 양식이 충분하지 못합니다. 거기에다 공채와 사채를 갚은 뒤에는 곡식 섬은 텅텅 비고 나물로 연명합니다. 풍년에도 굶주리는데 더구나 흉년이겠습니까. 진실로 이를 구제하려면 수만 석이 아니고는 반드시 충분하지 못합니다. 지금 현에서 저장한 곡식은 수천 석을 넘지 않으며 부실한 잡곡을 합쳐 5천 석뿐입니다. 백성은 관에서 이를 빌려다가 종자로 사용하고 공물과 부세에 쓰고 나면 나누어 먹는 것이 천 석이 채 못 됩니다. 천 석의 곡식으로 만 사람의 일 년 양식을 한다는 것은 어렵습니다. 더구나 관에서 빌린 곡식이 다 바닥이 난 뒤에는 뿔뿔이 떠돌며 죽은 자가 한둘이 아니고 보면 원곡元穀의 수가 어찌 줄어들지 않겠습니까. 게다가 현의 도로에는 변방을 수비하는 장교의 지나감과 야인들의 왕래에 대한 접대가 다른 데보다 갑절이라 비용이 적지 않은데 예산에서 딜어 쓰는 일 년의 씀씀이가 백여 석에 이르니 십 년 뒤엔 천 석이 줄 것입니다. 해가 갈수록 곡식은 점점 줄어드니 뒤에는 무엇을 가지고 현을 다스릴지 알지 못하겠습니다.

이지함은 이곳 토지가 척박하여 기본적으로 곡식이 부족한데 포천현이 처한 사회경제적인 특수성(변방 수비, 야인 접대)과 함께 인구 문제 등, 생산되는 곡식의 총량 등을 정확하게 자료로 산출하여 포천현의 문제점을 지적하고 있다.

대체로 관리들이 상소문을 올릴 때 일반적인 원론에 집중하는 것과는 달리 이지함은 상당히 구체적이고 생생한 데이터를 갖고 문제점을 제시하고 있다. 이지함은 포천현의 문제점을 구체적으로 파악했기 때문에 대책 또한 구체적일 수 있었다. 이처럼 실무관료로서의 능력을 겸비한 점은 이지함에 대해 조선중기를 대표하는 사회경제 사상가로 자리매김하는 중요한 잣대가 될 수 있다.

이윤과 백이의 풍모를 갖추다

이지함의 행적에서는 출사와 은거의 양면이 동시에 나타난다. 『토정유고』의 「유사」에서 이윤伊尹과 백이伯夷의 풍모를 모두 볼 수 있다고 표현한 것은 바로 이지함의 양면성을 적절히 표현한 것이다. 조헌은 상소문에서 이지함이 이윤과 백이의 장점을 모두 갖춘 인물이라고 묘사했다.

> 항상 한 사람이라도 제 살 곳을 잃게 될까 두려워하였으니 이윤이 뜻한 바를 지향한 것이고, 털끝만큼이라도 자신의 오욕을 허용하지 않았으니 참으로 동방의 백이라 할 수 있습니다.[2]

이윤과 백이는 『맹자』 등 유교 경전에서는 철저히 대립되는 인물로 묘사되어 있다. 이윤은 중국 은나라 시대 탕왕의 부름을 받고, 전야田野에서 출사하여 적극적으로 백성의 구제에 나선 인물이다. 『맹자』「만장장萬章章」에서 '누구를 섬긴들 임금이 아니며, 누구를 부린들 백성이 아니리요'라고 표현되며 선지자先知者임을 자부하고 있음을 볼 때,³ 철저하게 출사 지향적인 인물임을 알 수 있다.

    이지함이 이윤의 뜻한 바를 지향했다는 것은 강렬한 정치 참여의식의 발로로 볼 수 있다. 이것은 이지함이 포천현감과 아산현감을 맡으면서 구체적인 백성들의 구제책을 제시한 것과도 일맥상통하는 측면이다. 다스려져도 출사하고 어지러워져도 출사하는 전형적인 정치 지향적인 인물 이윤과 현실 정치와의 타협을 거부하고 철저히 은둔자로 살기를 원하는 백이의 풍모는 완전히 대비된다. 그런데 이지함에게서 서로 상반되는 이윤과 백이 두 인물의 풍모를 볼 수 있다고 기록한 것은 그가 처사로 자임하면서도 정치 참여의 기회가 오면 언제나 출사할 뜻을 지니고 있었음을 의미하는 것이다.

    이지함은 기본적으로 출사 의지를 지녔던 인물이었지만 을사사화에 안명세가 희생되는 것을 보고 관직 진출을 단념하였다. 그러나 탁행卓行을 인정받아 유일로 천거를 받자 관직에 나아가 지방민들에게 사회 경제적 혜택이 돌아가도록 적극적인 시책을 두루 펼쳐나갔다. 이는 자신이 지향했던 이윤과도 닮은 모습이었다. 조헌이 상소문에서 '그가 거짓 미치광이로 행세하며 자신을 은폐한 것은 화를 피하기 위함이었고, 밝은 시대에는 벼슬길에 나가 쓰였으니, 오로지 세상을 숨어서 산

것은 아닙니다'⁴라고 한 것도 이지함이 결코 현실을 외면한 학자가 아님을 보여준다.

『토정유고』의 「유사」에서도 '이인異人으로 지칭되는 이지함, 정렴의 평생 행적은 실로 인류에 독실했다'⁵고 평하고 있으며, 이식이 이지함을 일컬어 '시국을 근심하고 풍속을 근심한 선비였다'고 표현한 것 역시 그가 결코 현실에서 유리된 인물이 아니었음을 보여준다. 송시열은 『토정유고』의 발문에서 이이·성혼·이지함·조헌이 추구한 도가 하나였음을 강조했다. 이지함을 이이나 성혼의 반열에 올려놓은 것은 그의 인물 비중을 높이 평가한 것이었다.

이지함은 시대 상황이 자신의 뜻을 펴기에는 맞지 않자 결국 백이로 돌아가 일생의 대부분을 처사로 활동했다. 즉 자신의 경륜을 펴고 싶은데 시대 상황이 맞지 않는다고 인식했기 때문에 정치 참여 대신 직접 백성들의 삶을 접해보면서 이들이 보다 잘 살 수 있는 방법을 모색했던 것이다. 역사적으로 볼 때, 이지함이 활동한 시대에는 당대를 난세로 인식해 출사를 단념한 사람들이 광범위하게 형성되어 있었다. 그리고 이들이 서로 긴밀한 교유를 통해서 정치 현실과 사상계의 흐름에 새로운 비판과 대안을 제시한 것은 큰 의미를 갖는다.

처사형 학자의 존재와 역할은 조선사회에 광범위하게 현실 비판 세력이 등장하고 새로운 정치문화가 형성되는 기반을 조성하였다. 비판적 지식인의 현실 참여는 조선중기 이후 현실 정치에 직접 참여하지 않으면서도 정치적·사상적으로 큰 영향력을 미치는 산림山林의 원형

처사형 학자들 가운데 현실 정치에 참여하지 않았지만, 정치 사상적으로 큰 영향력을 끼친 인물들이 생겨났다. 이를 주도해간 대표적인 인물 송시열.

이 되기도 했다. 근대의 학자 황현은 조식의 제자인 정인홍을 산림의 기원으로 보았다. 아래의 자료를 보자.

> 광해조 때 이이첨이 일을 꾸미며 정인홍을 삼공의 서열에 두고 큰일마다 서로 화합하여 유현儒賢의 논의임을 빙자하였다. (…) 문득 임하林下의 한 사람을 추대하여 영수로 삼고 비록 어짊과 간사함이 다르지만 산림에 갖다 붙이지 않음이 없었다.

조선후기에는 송시열, 허목, 송준길 등 산림 학자들의 역할이 두드러졌다. 특히 송시열은 산림학자로서도 명망을 떨치면서 효종에서 숙종대까지 정치·사상계를 주도해나갔다. 송시열과 허목은 조식의 신도비명神道碑銘을 써주었는데, 이것은 산림이라는 뿌리의식이 계승되는 면모를 보여주었다.

이지함과 같은 16세기 처사형 학자들의 활동은 중앙 정계에서 주류적 흐름을 차지하지는 못했다. 16세기 중반 이후 당시 상황을 안정적으로 이해하면서 학문에 대한 깊은 천착을 요구하는 흐름이 대세를 이루어간 점과, 학파를 모집단으로 한 정파가 형성되는 조짐이 뚜렷이 형성됐던 점은 더이상 이들을 처사의 위치에 놓아두지 않았다. 즉 성리학에 대한 천착과 사단칠정론·이기론을 비롯한 성리학의 근원을 탐구하는 이론 논쟁이 학문의 주류가 되면서 성리학 이외에 다양한 학문을 견지하던 학자들의 입지는 그만큼 좁아졌던 것이다. 또한 정치적으로는 1575년(선조 8) 동인과 서인의 붕당이 형성된 이래, 학자 다수가 붕당을 형성하여 정치에 참여하는 분위기가 조성되면서 현실 정치와 일정 거리를 두고 있던 처사형 학자들의 역할은 더욱 줄어들었다. 처사의 입지에서 출발한 이지함의 학풍과 현실관이 뒷 시기에 크게 호응을 받지 못한 원인도 이러한 시대적 흐름 선상에서 해석할 수 있다고 여겨진다.

제7부

조선은 변혁되어야 한다

땅과 바다는 백 가지 재용財用의 창고다

이지함은 평소에 정치 이상을 실현할 여러 가지 방책을 세워두고 있었다. 그는 항상 '백 리가 되는 고을을 얻어서 정치를 하면 가난한 백성을 부자로 만들고, 야박한 풍속을 돈독하게 만들며, 어지러운 정치를 다스려 나라의 보장保障을 만들 수 있다'고 말하곤 했다.[1] 자신의 이상이 정치에 실현되기를 희망했던 것일 터이다.

실제로 이러한 기회는 그의 일생에 두 차례 찾아왔다. 아마 이러한 기회마저 없었던들 이지함은 『토정비결』의 저자로, 기인으로 역사적 실체의 모습을 드러내지 못한 채 우리에게서 멀리 사라져버렸을지도 모른다. 포천현감과 아산현감을 제수받은 때에 이지함이 제시했던 사회경제책, 그것은 이지함을 역사적 인물로 평가할 수 있는 주요한 근거가 된다.

이지함의 사회경제 사상에 가장 중요한 점은 양반이라도 스스로 상업과 수공업에 종사해야 한다는 것을 주장한 점과 자급自給과 국부國富의 증대로 요약할 수 있다. 백성들 누구나가 생산활동에 전념하여 재화와 부를 창출하자는 것이다. 마치 『허생전』의 주인공 허생의 모습이 이지함의 주장에서 나타난 듯한 느낌을 준다. 『연려실기술』에서는 백성들에게 자급을 강조한 이지함의 의지를 읽을 수 있다.

> 공은 유민流民들이 해진 옷으로 걸식하는 것을 불쌍히 여겨 큰 집을 지어 수용하고, 수공업을 가르치며 간절하게 타이르고 지도하여 각자 그 의식을 자급하게 하였다.[2]

자급을 중시한 사상의 근저에는 사방을 유람하다가 백성들을 만난 경험이 있었다. 자신의 도움이 필요한 상황에 닥치면 적극적으로 응했던 것 역시 자급과 국부에 대한 확신으로 이어졌다. 그의 사상은 일상생활을 통하여 체득된 것이라는 점에서 더욱 의미가 깊은 것이다.

또한 무엇보다 양반의 특권의식을 버리고 말업에 종사한 점은 훗날 그가 박제가 등 북학파 학자들에게 주목받는 중요한 근거가 된다. 북학파 학자의 선구자 중 한 명으로 평가받는 유수원柳壽垣(1694~1755)은 저서 『우서迂書』에서 국가가 허약하고 백성이 빈곤한 최대 원인을 유식 양반遊食兩班의 존재에서 찾으며, 이들이 상행위에 종사해야 함을 강조했다. 유수원은 소론 출신이었으며, 귀머거리라는 장애를 극복하고 북학사상을 체계화한 점에서 주목할 만한 학자이다. 박지원이 소설『허생전』에서 글공부에만 매달렸던 허생을 상업자본가로 탈바꿈시킨 것 역시 유수원의 사상과 상통한다. 유수원이『우서』를 통해 강조한 분업론·합자론合資論 등의 상업관은 이지함의 상업관을 보다 예리하고 구체적으로 전개시킨 것이었으며, 그의 선구적인 북학사상은 박제가에 의해 보다 체계적으로 계승된다. 박제가가 이지함의 해외 통상론을 높이 평가한 점은 앞에서 지적한 바와 같다.

이지함은 1573년에 포천현감에, 1578년에는 아산현감에 부임하였다. 본격적으로 자신의 정치 이상을 실현할 수 있는 기회를 만난 것이다. 이중에서도 포천현감으로 있을 때 올린 상소문「리포천현감시상소莅抱川縣監時上疏」에는 그가 지향한 사회경제 사상이 집약되어 있다.

> 포천현의 형편은 이를테면 어미 없는 고아나 비렁뱅이가 오장五臟이 병들어서 온몸이 초췌하고 고혈膏血이 다하였으며 피부가 말랐으니, 죽게 되는 것은 아침 아니면 저녁입니다.[3]

당시 포천현은 경제적으로 매우 곤궁한 처지에 있었다. 이지함은 이 문제를 극복할 수 있는 방책으로 크게 세 가지 대책을 제시했다. 먼저 제왕의 창고는 세 가지가 있다는 전제하에, 도덕을 간직하는 창고인 인심을 바르게 하는 것이 상책上策이며, 인재를 뽑는 창고인 이조와 병조의 관리를 적절하게 하는 것이 중책中策이고, 백 가지 사물을 간직한

이지함은 현실 정치의 기회를 놓치지 않고 자신의 이상을 실현하고자 했다. 그가 현감으로 재직했던 아산현 관아의 정문인 여민루. 충남 아산시 영인면.

창고인 육지와 해양 개발을 적극적으로 하는 것을 하책下策이라 정의했다.

이지함은 상책과 중책으로 국왕이 도덕성을 갖추어야 하며 국왕을 보좌하는 이조와 병조의 관리들이 청렴성을 갖추는 것을 들었다. 이것이 전제되어야 사회 문제가 해결된다고 믿었던 것이다. 상소문을 구체적으로 살펴보자.

신은 들으니 제왕의 창고는 셋이 있는데 사람의 마음은 도덕을 간직하는 창고입니다. 그 크기는 바깥이 없으며 거기에는 만물이 갖추어져 있습니다. 진실로 이를 능히 열면 그 위엔 더할 것이 없습니다. 한 사람 국왕이 극極을 세워서 먼저 자기 창고를 열어 백성에게서 주면 그 백성 또한 제각기 자기 창고를 열어 그 극을 보존하여줄 것입니다. 이렇게 되면 시절은 순조롭고 해는 풍년이 되어 넉넉하고 화목하여 백성의 재물이 남풍南風과 함께 모이며 콩과 조가 많기가 물과 불처럼 지극히 풍족해질 것입니다. 이쯤 되면 어찌 한 현의 백성만 부유해지겠습니까? 온 나라의 백성들이 배불리 먹고 배를 두드리며 화봉華封의 축수를 다투어 발할 것이니 이것이 상책입니다.

이지함은 상책에 이어 중책에 대해 설명하고 있다.

이조와 병조는 인재를 관리하는 창고입니다. 인재들의 모임이 마치 온 물이 바다로 흘러들어 수레로 싣고 말斗로 되어도 그 수량을 헤아릴 수 없듯이 됩니다. 진실로 이것을 개발하면 평정平定하지 못할 어떤 일이 있겠습니까? 임금은 밝고 어질며 신하는 태평합니다. 크게는 후직后稷*을 쓰면 백성이 굶주리는 어려움에 이르지 않고 작게는 장감張堪을 쓰면 보리 싹이 두 갈래로 됨을 볼 것입니다. 우주에 맑은 바람이 부니 탐천貪泉이 절로 마르고 가까이 멀리 단비 내리니 원초冤草가 깨어납니다. 이쯤 되면 어찌 한 현의 백성만 구제할 뿐이겠습니까. 온 나라의 백성들이 그 훌륭한 정치 속에서 온통 노래하고 춤출 것입니다. 이것이 중책입니다.

이지함이 제시한 상책과 중책의 논의는 대부분의 학자가 이전에도 제시했던 것으로 구색을 갖추기 위해 표현한 면도 있었다. 중책을 서술한 까닭은 무엇일까? 그것은 바로 하책을 강조하기 위해서였다. 즉 당면한 현실에서 상책과 중책은 기본적으로 수행해야 할 문제이므로, 하책을 적극적으로 추진해야 함을 거듭 강조한 것이다. 또한 하책의 강조는 자원의 적극적인 개발과 연결되며, 당시로서는 혁신적인 말업 중시 사상으로 이어진다. 아래의 자료에 나타난 땅과 바다에 대한 이지함의 인식은 그의 사회경제 사상의 단면을 보여준다.

땅과 바다는 백 가지 재용의 창고입니다. 이것은 형이하形以下의 것으로서 여기에 의존하지 않고서 능히 국가를 다스린 사람은 없습니다. 진실로 이것

* 중국 주나라의 선조, 농사일을 잘 다스린다는 소문을 듣고 순 임금이 후직이란 벼슬을 주었음

을 개발한즉 그 이익이 백성에게 베풀어질 것이니 어찌 그 끝이 있겠습니까? 씨를 뿌리고 나무 심는 일은 진실로 백성을 살리는 근본입니다. 따라서 은銀은 가히 주조할 것이며 옥玉은 채굴할 것이고, 고기는 잡을 것이며 소금은 굽는 데 이를 것입니다. 사적인 경영으로 이익을 좋아하고 남는 것을 탐내며 후한 것에 인색함은 비록 소인들이 유혹하는 바이고 군자가 가까이하지 않는 것이지만 마땅히 취할 것은 취하여 백성들을 구제하는 것 또한 성인이 권도權道로 할 일입니다.[4]

백성의 이익을 위해서라면 성인도 원칙을 버리고 권도權道 즉 임시변통책을 펼 수 있다는 이지함의 사회경제 사상은 당대에는 상당히 진보적인 것이었다. 원칙과 명분에 얽매이지 말고 실질을 숭상하자는 것이다.

권도의 강조는 유가 사상의 기본 경전이라 할 수 있는 『맹자』에서도 자주 나타나는 부분으로, 이러한 점은 이지함이 문자상에 구애를 받지 않고 오히려 유교의 본뜻을 제대로 실천하려 한 행위로 볼 수 있다. 이지함의 경제 사상은 결국 국부의 전체적인 증대책을 강구한 것으로 요약할 수 있으며, 전통적으로 농업이 중시된 상황에서 상업이나 수공업의 중요성을 알린 것이다. 백성들의 생활 향상을 위한 구체적인 방법을 이지함은 상업이나 수공업과 같은 말업에서 찾았다. 그만큼 이지함의 눈은 시대를 앞서나갔다.

> "나라가 있으면 기필코 그 안에 인재가 있습니다"

이지함은 포천현감으로 있으면서, 백성들의 삶의 증진을 위해 다양한 방안들을 제시하고 실천하였다. 이지함이 포천의 기민飢民 대책을 강구할 때 일부 사람들은 서울의 쌀이나 부유한 읍의 곡식을 풀어 이들을 구호하자는 방안을 제시했다. 그러나 이지함은 이런 방법은 근본적인 치유책이 되지 못함을 인식하였다. 국가의 수입보다 백성들의 지출이 많은 것은 근본적인 문제로 남아 있어 결국에는 서울과 부읍민들 모두 병통을 얻게 되는 위험성이 있음을 지적했다. 그가 끌어낸 결론은 국부의 증대였다. 그는 새로운 국부의 증대 없이 미봉책으로 문제를 해결하는 것은 근본적인 치유책이 아니며, 결국 나라 전체가 곤궁에 빠질 위험성이 있다고 파악하였다.

이지함은 백성과 국가의 빈곤을 극복하기 위한 방안으로 어업이나 상업, 수공업, 광업 등에도 관심을 기울일 것을 주장했다. 그리고 육지건 해양이건 국토에서 산출된 자원을 적극 개발함으로써 국가 전체의 부를 증대시키는 방안을 구체적으로 구상했다.

풍부한 아이디어와 함께 이지함이 겸비한 것은 적극적인 실천의지였다. 이지함은 상소문에서 전라도 만경현의 양초洋草라는 곳을 임시로 포천현에 소속시켜 이곳에서 고기를 잡아 곡식과 바꿀 수 있도록 해줄 것을 청했다. 황해도 풍천부 초도椒島의 염전을 임시로 포천현에 소속시켜 염전으로 활용함으로써 소금을 곡식과 바꿀 수 있도록 요청하기도 했다.[5]

그런데 여기서 잠시 의문이 생긴다. 경기도의 포천현과 전라도의 만경현, 황해도의 풍천부는 지리적으로 상당히 떨어진 곳인데도 이지함은 왜 이곳을 포천현에 소속시켜달라고 했던 것일까? 이것은 조선시대 군현 제도의 특수성에서 기인한다. 교통이 불편했던 당시 군현은 행정구역일 뿐만 아니라 독자적인 생활권이었으며, 자급자족은 물론이요 공물·진상 등도 자체 내에서 조달하는 것이 원칙이었다. 따라서 군현의 경계를 정할 때 해산물과 육산물을 함께 군현이 지급할 수 있도록 산군山郡은 해안에, 해읍은 내륙 깊이 월경지역을 정했다. 이때 내륙과 해읍의 군현이 가까운 지역은 별다른 문제가 없었지만 포천과 같이 내륙 깊숙이 위치한 지역은 해읍의 월경지를 얻는 것이 쉽지 않았다. 따라서 소속 임내任內가 주읍主邑에서 멀리 떨어져 존재하는 지역에서는 심심찮게 월경지 문제가 발생하곤 했다.

이지함은 만경현 양초와 풍천부 초도를 포천현의 월경지로 소속시키고자 했다. 이곳의 어업과 염업의 경제적 가치를 인식하고 있었기 때문이었다. 이지함은 내륙지역인 포천의 한계성을 극복하기 위하여 해읍 월경지의 어업과 염업의 이익을 활용하여 백성들을 구휼하겠다는 방안을 제시했던 것이다. 나아가 포천이 부유해지면 이곳을 다른 읍에 이속시켜 널리 백성들에게 혜택이 가도록 구상했다.[6] 이러한 방법으로 전체 백성들 모두가 부유해질 수 있다고 믿었다.

나아가 이지함은 제시한 방책이 구체적으로 실천되기 위해서는 군주의 도덕성이 필요하다는 점도 강조했다. "과거 백대의 제왕들 중 그 누가 이 세 가지 창고를 열어서 백성의 삶을 넉넉하게 해주고 싶지 않으려 하겠느냐마는 도덕의 창고를 열려고 하면 형기形氣의 사私가 닫고, 인재의 창고를 열려고 하면 아첨하는 신하가 닫으며, 백 가지 재용의 문을 열려고 하면 시기하는 무리들이 닫았습니다"라고 진단한 후 이렇게 말했다.

요 임금과 순 임금이 비록 가난하게 살았지만 덕으로 몸을 윤택하게 하고 그 후광은 사방을 덮어 하늘과 땅에 미쳤으며 그 수壽와 복록을 자손이 보존하여 백성들은 오늘까지도 그들을 높이고 가까이하기에 이르렀으니 부자의 극치라 할 만한 반면, 걸桀 임금과 주紂 임금이 사는 집은 옥 궁전이었고 입는 옷은 구슬로 장식했으며 먹는 음식은 팔진미八珍味였지만 천하의 미움을 얻어 돌아갈 때는 몸 하나 담을 곳이 없었으니 필부 중에서도 가장 가난한 자로 불립니다.

요순과 걸주는 중국 고대의 역사에서 성인과 폭군의 전형으로 비교되는 인물이다. 이지함은 이들의 처세를 대비시킨 후에 국왕인 선조에게도 요순과 같은 도덕성을 바탕으로 백성을 윤택하게 해야 한다는 점을 권유하였다. 이것은 중국 고대의 민본정치 사상가 맹자의 그것과 매우 닮아 있다.

국가가 주도하는 적극적인 사회경제책과 이를 뒷받침할 수 있는 국왕의 도덕성, 이것이 조선을 살리는 길이라고 이지함은 믿었던 것이다. 이어서 그는 인재의 적극적인 활용을 강조하고 있다.

말하기를 좋아하는 자들은 또 말하기를 '인재의 창고가 예전에 열리지 않은 까닭은 다만 창고 속에 인재가 없는 것이 오래되었기 때문이며, 지금 간직되어 있는 자는 다 인재가 못 되니 설령 개발하여 쓴다고 해도 일세一世를 부하게 만들기에는 충분하지 못하다'고 합니다. 그러나 신의 생각으로는 절대 그렇지가 않습니다. 창고 속에 인재가 없는 때가 어찌 있겠습니까. 해와 달과 별들이 하늘에서 빛나는 것은 예전에도 그러하였고, 지금에도 역시 그러하며 산천초목이 땅에서 아름다운 것은 옛날에도 그러하였고 지금에도 역시 그러하거늘 어찌 유독 인재에 대해서만은 그렇지 않겠습니까. 하늘이 있으면 반드시 별들이 있고, 땅이 있으면 반드시 초목이 있으며, 나라가 있으면 기필코 그 안에 인재가 있습니다.

이어서 비유를 통해 인재가 적재적소에 활용되어야 함을 주장하고 있다.

매로 하여금 꿩을 잡게 하고 닭은 새벽을 맡게 하며, 말은 수레를 매게 하고 고양이는 쥐를 잡게 한다면 이 네 재주는 쓸 만한 것입니다. 해동청은 천하의 훌륭한 매이지만 그를 시켜 새벽을 맡게 하면 그는 늙은 닭만 못합니다. 한혈구汗血駒는 천하의 명마이지만 그를 시켜 쥐를 잡게 하면 늙은 고양이만 못합니다. 더구나 닭이 사냥을 할 수 있으며 고양이가 멍에를 멜 수 있겠습니까. 이렇게 되면 이 네 가지는 천하의 몹쓸 물건이 됩니다.

이지함의 적재적소 인재론은 19세기 학자 이유원이 그의 백과사전적인 저술 『임하필기』에 인용할 정도로 후대에까지 널리 인용되었다. 이지함은 조선시대 학자들에 의해서도 사회경제 사상가로서 계속 기억되고 있었다.

남자는 대열에서 울고 여자는 감옥에서 웁니다

이지함은 1578년 아산현감으로 있으면서도 상소문을 올렸다. 이 상소문에서는 특히 군역과 군정의 문제점을 지적하고 있다. 이는 실제로 현감직을 수행한 경험에서 우러나온 것으로 그만큼 당시 군역의 폐해가 컸음을 뜻한다.

> 일찍이 들으니 부첩簿牒의 번거로움이 다른 현의 갑절이라 호소하는 백성이 하루에 4, 5백 명에 이른다고 하기에 신의 생각에는 사람이 많아서 그러려니 풍속이 사나워서 그러려니 여겼지만, 신이 부임한 뒤에 와보니 이는 사람이 많아서도 아니고 풍속이 사나워서도 아니었습니다. 원통한 백성의 수가 다른 현에 비할 바가 아니었기 때문입니다. 신이 그 연유를 말씀드리겠습니다. 지난 계축년(1553) 군적軍籍을 만들 때에 현감이 장정을 모아오는

아전들을 채찍질하여 그로 하여금 양정良丁을 많이 끌어오게 하였으므로 아전은 고충을 견디지 못해 병들어 거의 다 죽게 된 노인으로 충당하고 나무·돌·닭·개들의 이름으로 충당하였으므로, 양정의 많기가 다른 현의 갑절이 되면 그 나머지 양정은 옮겨서 다른 현에 보충하였습니다. 갑술년(1574) 군적을 고칠 때에 전의 군액軍額대로 그냥 두고 감히 고치지 않았습니다. 사실은 본 현의 백성으로서 본 현의 군적을 충당하여도 오히려 부족하거늘 하물며 다른 현의 역을 해서야 되겠습니까. 그러므로 위독하게 앓아도 역을 면하지 못하는 이가 있고, 아니 칠순인데도 군적에서 삭제되지 않는 이가 있어서 군액을 궐함이 자못 많거든 하물며 그들로 하여금 다른 현의 역을 치르게 함이겠습니까. 모든 색色의 군병이나 관부의 노비는 이미 장본인이 없으면 반드시 그 값을 일가족에게 물렸으며, 만약 가난한 백성이라 즉시 변상하지 못하면 잡아 가두고 독촉하였으며, 남자로 하여금 그 번番을 서게 하고는 또 일족지번一族之番을 만들며, 여자로 하여금 포를 바치게 하고는 또 일가족의 포를 바치게 하였습니다.

남자는 대열에서 울고 여자는 감옥에서 웁니다. 농사일과 누에치기는 그 때를 잃었고 옷과 밥은 함께 떨어졌습니다. 떠나가고 도망하여 타향을 전전하다가 죽어갔으니 참으로 슬픈 일입니다. 필부필부匹夫匹婦가 제자리를 얻지 못한 것도 옛사람은 부끄럽게 생각하였습니다. 그런데 지금은 현의 백성 중 족안族案에 실려 있는 자가 천여 명에 이르고 있어 억울함을 호소하는 자가 날마다 뜰을 메웁니다. 어떤 자는 촌수도 알지 못한다고 하고 어떤 자는 아무런 혈육관계도 없다 합니다. 이를 가려주자니 빠진 번을 누가 서며 가려

주지 아니하자니 이들 병민兵民의 병됨을 끝내 구제할 수 없습니다. 이를 장차 어떻게 하겠습니까.

이어 이지함은 "한 현의 억울한 백성이 천여 명이고 보면 전국의 수는 몇십만인지 모릅니다. 이러므로 병민兵民의 원통함은 하늘과 땅 사이를 막아 세 빛(햇빛·달빛·별빛)은 흉함을 알리고 병이 있는 기운은 성행하니 또한 두렵습니다"라고 하여 군역의 폐단이 단지 아산현에 국한된 것이 아니라 전국적인 문제임을 지적했다.

『명종실록』에도 "옛날에 한 필의 포로 충당하였던 것이 오늘날에는 10배에 이르러 한 가지 공물을 부담하는 데에도 가산을 탕진할 정도가 되었다"(『명종실록』, 명종 2년 8월)고 기록하여 당시 군포 부담이 어느 정도로 심각했는지 보여주고 있다. 이지함은 자신이 아산현을 통치한 경험을 들면서 들어 자신의 주장이 타당함을 강조하고 있다.

본 현에 사족士族인 김백남이란 자는 나이 예순하나인데 아직까지 짝을 얻지 못했다고 합니다. 신은 괴이히 여겨 그 까닭을 물었더니 누가 말하기를 '본 현의 인물은 사족이 되기에 충분치 못하다. 종의 일원으로 충당되는 자가 매우 많은데 그가 만약 다른 경계로 옮겨 살면 일가족이 사람에게 침범당하는 환을 받게 되므로 일가족을 피하기를 마치 함정 피하듯이 한다. 백남의 이름이 일찍이 군안軍案에 있었기 때문에 사람들은 그를 사위를 삼으려들지 않아 그대로 늙은 것이다'라고 하였습니다. 신은 그 말을 듣고 그 사람을 보았는데 그때 탄식과 슬픔을 금치 못했습니다. 또 누가 말하기를 '백남은 형제들 중에서 건실한 자다. 그의 누이 김씨는 나이 50인데 시집가지 못했고 그의 동생 김견은 나이가 57세인데 장가가기 못하였다. 다들 백남의 집에 의탁하여 산다'고 하였습니다. 이뿐만이 아닙니다. 사족 박필남이란 자는 나이 50이며, 정옥이란 자는 나이 55세이고 정권이란 자는 나이 62세이며 박유기란 자는 나이 71세로 다들 남의 남편이 되지 못하였습니다. 신이 들은 자만도 이와 같은데 신이 알지 못한 자는 어찌 이뿐이겠습니까. 사족이 이러하니 서인庶人으로서 과부, 홀아비는 어찌 다 이루 헤아릴 수 있겠습니까.

이지함은 아산현의 많은 백성들이 군역의 부담 때문에 장가도 시집도 가지 못하는 안타까움을 제시하고 있다. 이 부분은 언뜻 최근의 농촌에 시집오기를 꺼리는 분위기 때문에 농촌 총각들이 장가를 가지 못하고 그 대안으로 조선족이나 베트남 여인 등과 국제결혼을 하는 실태를 연상시킨다. 농촌생활이 모든 면에서 불편하기 때문에 이러한 사회현상이 초래된 것을 감안한다면, 군역의 부담이 결혼이라는 백성들의 일상에서 가장 중요한 일 중 하나를 가로막는 장벽이 되었다는 것을 짐작할 수 있다.

이지함은 결혼이 천륜의 중대사임을 인식하고 백성들의 원활한 혼인을 위해서도 군역의 부담이 없어져야 한다는 점을 거듭 강조했다.

아! 짝을 잃어 홀아비, 과부가 된 자도 궁하다 일컫는데 저들은 아예 천륜이 있는 줄도 알지 못하니 실로 이 천하에서 가장 궁한 백성입니다. 어진 정치의 혜택을 입기는커녕 도리어 침해를 받아 그 생리生理를 더욱 궁하게 하였으니 이러한 까닭에 상소문을 올린 것입니다. 백성은 오직 나라의 근본이며 근본이 굳건해야 나라가 편안합니다. 지금 밖에는 강적이 있고 안에는 원통한 백성이 많으니 혹 급한 일이 있게 되면 능히 구제하겠습니까.

근본이 벌써 굳건하지 못하면 나라의 안녕은 기약하지 못합니다. 만약 이를 족히 생각할 것이 없다고 여기시면 모르거니와 그렇지 않다면 말씀드리겠습니다. 일이란 소홀히 여기는 데서 일어나고 화는 무망중에 생기오니 조치할 방도를 늦출 수 없습니다. 엎드려 바라옵건대 전하께서는 서둘러 8도에 명을 내리셔서 호수戶數를 줄이고 군액을 덜어서 현재 있는 군병을 선용하시며 시회時晦를 따라 길러서 후회 없도록 하십시오.

이지함은 혼인 후 가족관계가 우선 안정되어야 백성들이 자리를 잡을 수 있다고 파악하였다. 그리고 혼인의 가장 큰 장애 요인인 군역의 부담을 줄일 것을 청하였다.

혼인을 천륜의 중대사로 인식한 것은 혼인을 통한 생활 안정과 남녀의 공급은 농경사회에서는 최고의 국부國富였기 때문일 것이다. 조선 후기 최고의 성군으로 평가받고 있는 정조 또한 직접 나서서 백성들의 혼인을 성사시킨 사례가 이덕무의 『청장관전서』(권20, 아정유고 12, 「김신부부전金申夫婦傳」)에 기록으로 전하고 있다.

조선중기 이지함이나 후기의 정조 모두 혼인을 천륜의 중대사이자 국부의 중심으로 파악했다. 이덕무의 『청장관전서』에 왕이 직접 나서 백성의 혼례를 성사시킨 사례가 나온다.

이어서 이지함은 "대저 백성의 흩어짐을 근심하시면 모름지기 그들을 은덕으로써 어루만져야지 한갓 긁어오는 것으로 상책을 삼아서는 아니 되며 군병이 적음을 근심하자면 모름지기 의로운 용맹으로 가르쳐야지 한갓 숲처럼 많이 세우는 것으로 상책을 삼지 말아야 합니다"라고 하여 곤경에 빠진 백성을 착취하여 무조건 수를 채우는 군역 체계의 문제점을 비판했다.

이지함은 군역의 문제점이 결국에는 외적의 침입을 야기할 것임을 경고하고 있었다. 그만큼 군역 문제 해결이 근원적인 문제임을 강조한 것이다.

> 이런 때를 당해서 산 오랑캐나 바다 도적들 중에서 지혜로운 계책을 가진 자가 있어서, 수만의 군중을 이끌고 우리나라를 침범해오기라도 한다면 나라는 반드시 와해되고 말 것입니다. 어째서입니까. 백성의 원통한 괴로움이 하루가 아니고 한 달이 아니므로 나라를 위해 죽을 자가 없기 때문입니다.

국가가 백성을 위해 해준 것이 없을진대 백성 또한 위기의 시기에 국가를 위해 결코 희생하지 않음을 간파한 것이다. 국가는 백성을 보살피고 백성은 국가를 위해 충성하는 체계가 제도적으로 자리잡아야 한다는 점을 이지함은 지적한 것이다.

민民을 사랑하는 것은 불가불 지극해야 한다

국가가 백성을 기반으로 해야 한다는 점은 성리학 이념 중에서도 가장 기본적인 것이다. 조선 건국의 설계자 정도전은 누구보다 백성이 나라의 근본이라는 민본 사상을 강조했다. 이는 고려 왕조를 무너뜨리고 새 나라 조선을 건설하는 주요 명분이기도 했다. 다시 말해 민이 나라의 근본이므로 모든 문제를 민의 입장에서 풀어가야 하고 민을 위하고[爲民], 민을 사랑하고[愛民], 민을 존중하고[重民], 민을 보호하고[保民], 민을 기르고[養民], 민을 편안하게 한다[安民]는 것이다. 이러한 민본 사상은 그의 정치사상으로 발전하면서 조선 건국 초기 백성들의 지지를 얻는데 큰 몫을 담당했다. 정도전이 백성을 어느 정도 중요시 했는지는 다음의 자료에서도 드러난다.

대저 군주는 국가에 의존하고 국가는 민에 의존한다. 그러므로 민은 국가의 근본인 동시에 군주의 하늘이다. 그리하여 『주례周禮』에서는 민의 호적을 군주에게 바칠 때에 군주는 절을 하면서 받았으니, 이것은 자기의 하늘을 중히 여기는 까닭이다. 인군人君 된 사람이 이러한 뜻을 안다면 민을 사랑하는 것도 불가불 지극해야 할 것이다(『조선경국전』 상, 부전, 판적版籍).

백성을 위하는 정신은 성리학자라면 기본적으로 갖는 사상이었다. 그러나 문제는 이를 구체적으로 지향하고 실천하는가 하는 점이다. 백성에 대한 인식은 16세기의 학자 조식의 『민암부民巖賦』라는 글에서 보다 적극성을 띠고 있다.

백성이 물과 같다 함은 예로부터 있는 말이다. 백성이 임금을 추대하지만 나라를 뒤엎기도 한다. 내 진실로 알고 가히 볼 수 있는 것은 물이라. 험함이 밖에 있는 것은 친압하기 어렵지만 가히 볼 수 없는 것은 마음이라. 험함이 안에 있는 것은 쉽게 천대한다. 걷기에 평지보다 편안한 곳이 없지만 맨발로 다니면서 살피지 않으면 쉽게 다친다. 거처하기에 이부자리보다 편안한 것이 없지만 뾰족함을 두려워하지 않으면 눈을 다친다. 화禍는 실로 소홀함에서 연유하는 것이니 바위는 계곡에서 생기는 것이 아니다. 원한이 마음속에 있을 적에는 한 사람의 생각이라 몹시 미세하고 필부匹夫가 하늘에 호소해도 한사람일 적에는 매우 보잘 것이 없다. 그러나 저 밝은 감응은 다른 데에 있지 않고 하늘이 보고 듣는 것은 이 백성이라. 백성이 원하는 바를 반드

시 따르니 진실로 부모가 자식에게 하는 것과 같다.[7]

조식은 먼저 백성을 물에 비유하고 임금을 배에 비유함으로써 물이 배를 순항하게 할 수도 있고 빠뜨릴 수도 있다는 점을 암시하고 있는데, 임금을 추대하고 갈아치우는 힘을 민에게서 찾은 것은 상당히 적극적인 대민 인식이라 할 수 있다. 조식과 교분을 유지한 이지함의 어록에서도 백성들의 어려운 생활상을 지적한 것이 여러 곳에서 발견되며, 특히 이지함은 백성들이 처한 삶의 현장을 경험하면서 백성들을 위한 사회경제책들을 제시한 점에서 그의 대민 인식은 실천 행위로 이어졌다고 할 수 있다.

이지함이 특권의식을 버리고 백성들의 삶과 함께하려 했던 모습은 포천현감으로 막 부임했을 때의 일화에서도 읽을 수 있다.

선생이 포천현감으로 부임했을 때의 일이다. 베옷과 짚신과 포립布笠 차림으로 관官에 올랐다. 심부름꾼이 식사를 차려서 가져왔다. 선생은 밥상을 한동안 내려다보면서 수저를 들지 않고 있다가 말하기를 '먹을 것이 없구나' 라고 했다. 이 말을 들은 아전이 뜰에 엎드려 아뢰기를 '읍내에는 별 신통한 토산물이 없어서 별다른 반찬이 없습니다' 라고 하면서 다시 차려오겠다고 했다. 조금 뒤에 더 많은 성찬을 차려 가져왔다. 그럼에도 선생은 한참 동안 밥상을 내려다보면서 '먹을 것이 없구나' 라고 말했다. 아전은 더욱 두려움이 앞서서 죄를 청했다.

선생은 이방에게 말하기를 '우리나라 사람은 누구를 막론하고 모두 생활이 곤궁한데도 앉아 먹기 일쑤고 음식에 있어 절제가 없다. 나는 식사할 때 상 바치는 것을 싫어한다'고 말했다. 그리고 나서 잡곡밥 한 그릇과 나물국 한 대접을 지어오도록 해, 모자 같은 그릇이지만 참고서 맛있게 들었다 한다. 다음 날 포천읍의 관리들이 인사하러 오자 선생은 마른 나물죽을 지어 들기를 권했다. 관리들은 고개를 숙이고 이 죽을 먹으면서 더러는 토하는 사람도 있었지만 선생은 남김없이 다 먹었다.

그 지방 최고의 책임자가 성찬을 거부하고 백성들이 직접 먹는 음식을 함께한다는 것은 현재의 지방관들에게도 그리 쉬운 일이 아니다. 오히려 지방의 재정은 거덜이 난 상황인데도 시장이나 군수는 관사를 확장하고 관용차의 등급도 올리는 것이 일반적인 행태다. 위의 일화는 이지함이 지방관이라는 특권의식 없이 백성들과 함께 먹고 입은 실상을 소개하였다. 백성들의 삶을 몸소 체험함으로써 그들의 고충 속으로 직접 들어간 것이다. 결국 이러한 백성 지향적인 사고는 백성들의 삶의 문제 해결에 적극적인 사회경제 정책들을 제시하는 기반이 될 수 있었다.

조식의 제자이면서 이지함과 함께 천거를 받기도 한 정인홍의 사상에서도 보민 정신은 두드러진다.

『주역』에서는 아랫사람의 것을 덜어 윗사람에게 더하는 것을 '손損'이라

하고, 윗사람의 것을 덜어 아랫사람에게 더하는 것을 '익益'이라 하였으니 그 뜻이 심히 명백하여 바꿀 수 없는 법입니다. 맹자가 보민하여 항산恒産해야 한다는 말을 양나라와 제나라에 한 것은 진실로 현실의 급무로서 이보다 급한 것이 없었기 때문입니다. 만약 맹자를 모르고 시무에 어두운 유자라면 그만입니다만, 정치를 하는 사람이 보민을 버리고 무엇을 먼저 하겠습니까?

정인홍의 이러한 '보민' 사상은 스승인 조식이 『민암부』에서 백성들이 바위와 같은 존재로서 '대군戴君'과 '복국覆國'의 양면성이 있음을 지적한 것과 유사성을 지닌다. 남명학파에서 두드러지는 민에 대한 적극적인 인식은 성리학의 실천적 지향점이 민생에 있었음을 잘 보여주고 있다. 정인홍의 소차에서 보민保民· 애민愛民· 위민爲民· 생민生民· 휼민恤民 등의 용어를 흔히 볼 수 있는 것도 그의 학문 성향이 현실에 밀착해 있으며, 특권 계층이 아닌 일반 백성의 삶에 깊은 관심이 있음을 보여주는 것이다.

정도전의 민본 사상이나 조식의 『민암부』에 나타난 백성에 대한 외경, 현장에서 백성들의 삶을 체험하면서 그들을 위해 노력한 이지함의 민본 실천, 의병장으로서 국난 극복에 앞장서면서도 하후상박下厚上薄의 논리로 백성을 위한 정치를 펼 것을 주장한 정인홍의 보민 사상은 적극적으로 민본사상 실천을 수반했다는 점에서 더욱 큰 의미를 지닌다.

조선후기 실학자로서 이지함과 유사한 입장을 보였던 인물로는 김육을 꼽을 수 있다. 김육은 대동법 실시를 추구해가는 과정에서 '안민'을 확고한 정책 목표로 설정하고 국가 재정에도 도움이 된다는 '익국益國'의 논리를 내세웠다. 이것은 이지함이 국가가 가용한 산업을 적극 활용하여 백성 모두에게 생업활동의 길을 열어줌으로써 국부의 길을 모색한 방법과도 흡사하다.

  물론 조선의 성리학자치고 백성을 생각하지 않은 학자는 없다고 해도 과언은 아니지만, 구체적인 행위나 실천성을 담보하고 기득권층의 특권에 맞서 백성들의 이익을 대변하면서 민본 사상을 제기한 학자는 그리 흔하지 않다. 특히 이지함처럼 백성들의 삶의 현장을 목격하고 그 속에 뛰어들어가 백성을 위한 대책을 제시한 점은 높이 평가받을 만하다.

근본으로 말업을 견제하고 말업으로 근본을 견제하다

이지함이 적극적인 말업관을 제시한 이면에는 의義와 리利를 정통 성리학의 관점에서 해석하지 않고 백성의 생활에 유용한 것인가를 기준으로 놓고 본 관점이 바탕이 되어 주목된다. 즉 이지함의 의리론義利論은 의리와 이익을 철저히 대립적인 것으로 보는 정통 주자성리학의 입장과는 일정한 차이를 보인다. 이지함은 '군자는 의리를 말하지 이익을 말하지 않으니 어찌 재리財利로써 임금에게 아뢸 수 있는가'라고[8] 말하지만 이것은 여건에 따라 달라질 수 있음을 비유를 들어 설명하고 있다.

예를 들어 손님이 잔치에서 의관을 갖추지 않아 무례를 범하는 것과 어린아이를 구하러 가는 사람이 의관을 갖추지 않은 것과의 대비를 통하여 당시는 '리利'도 필요한 시기임을 강조했다. 즉 백성을 구휼하는

데 있어서 의리와 이익은 서로 따질 것이 되지 못하며, 특히 의리와 이익은 사람을 기준으로 판단해야 한다[9]는 것을 강조한 점은 매우 돋보인다. 사람의 삶을 무엇보다 우선시하는 휴머니즘이 바탕에 깔려 있었던 것이다.

이지함은 올바르게만 활용한다면 재리財利와 덕의德義는 하나가 될 수 있다고 생각했으며, 공자의 제자인 자사子思가 리利를 먼저 말하고 주자가 경제에 대해서도 힘쓴 사례를 소개함으로써 의리와 이익은 서로 병행될 수 있다는 점을 강조했다.[10] 이지함의 견해를 들어보자.

대개 덕은 근본이고 재물은 말입니다. 그러나 근본과 말업은 어느 한쪽이 폐지되어서는 안 됩니다. 근본으로써 말업을 견제하고 말업으로써 근본을 견제한 뒤에야 사람의 도리가 궁하지 않습니다. 재물을 생하는 방법에도 역시 본과 말이 있습니다. 농사가 본이고 염철은 말입니다. 본으로써 말을 견제하고 말로써 본을 보충한 뒤에야 온갖 재용이 결핍되지 않습니다. 포천의 일만 말씀드린다면 본이 이미 부족하니 마땅히 말을 취해서 이를 보충해야 합니다.
(…) 고기잡이와 소금 굽는 일에 대해 말씀드린다면 지원자를 모집해서 하되 그 이익을 백성들과 나눕니다. 그러면 국가는 한 섬의 곡식도 소비하지 않고 한 사람의 인력을 번거롭게 하지 않고서 인명은 만 사람을 건질 수 있으며 현은 백 년을 보존할 수 있으니 무엇을 꺼려서 이를 하지 않습니까.
(…) 신은 이제 생각하니 세월은 쉬이 가며 틈을 지나는 준마는 붙들기 어렵

습니다. 만약 그럭저럭 하다가 이를 빠뜨린다면 이야말로 걱정입니다. 약이 눈에는 나쁘지만 병에는 맞으며, 말이 귀에는 거슬리지만 시時에는 맞습니다. 엎드려 바라옵건대 전하께서는 이 어리석은 신하가 못나고 촌스럽다고 하지 마시고 조금 살펴주십시오.

이지함은 본과 말의 견제와 균형을 강조하며, 이를 통해 백성들의 안정된 생활이 보장되면 포천현, 나아가 국가가 안정될 수 있음을 주장했다. 이러한 점에서 이지함에게 실학의 선구자적인 면모가 엿보인다.

일반적으로 의리와 명분보다는 실천이나 실용적인 요소를 강조하는 흐름인 실학은 17세기 후반 이후 조선사회 내에서 태동한 학문으로 이해하는 경향이 강하지만, 이지함은 16세기 중반에도 이러한 학문적 흐름을 견지한 학자 중 한 명이었다. 이지함의 존재는 조선시대 실학의 연원을 보다 앞당길 수 있는 단서를 제공해준다.

이지함 외에도 이 시기 학문의 실천적 측면이 다른 무엇보다 중요함을 강조한 사례가 조식에게서 돋보인다. 조식은 이황과 서로 주고받은 편지에서 특히 실천의 중시를 강조했다.

평생 마음으로 사귀면서 지금까지 한 번도 만나질 못했습니다. 앞으로 이 세상에 머물 날도 얼마 남지 않았으니, 결국 정신적 사귐으로 끝나고 마는 것인가요?(…) 요즘 공부하는 자들을 보건대 손으로 물 뿌리고 빗자루 질을 하는 절도도 모르면서 입으로는 천리를 말하여, 헛된 이름이나 훔쳐서 남들을 속이려 합니다. (…) 선생 같은 어른이 꾸짖어 그만두게 하시지 않기 때문입니다. 저와 같은 사람은 마음을 보존한 것이 황폐하여 배우러 찾아오는 사람이 드물지만, 선생 같은 분은 몸소 상등의 경지에 도달하여 우러르는 사람이 참으로 많으니 십분 억제하고 타이르심이 어떻습니까? 삼가 헤아려 주시기 바랍니다(남명집, 「퇴계에게 드리는 편지」, 1564년).

위의 편지는 이황과 한 번도 만나지 못한 아쉬움을 보이는 듯하지만, 실제로는 당시 이황과 고봉 기대승 등이 주도했던 성리학 이론 논쟁의 문제점을 지적하고자 조식이 충고 형태로 쓴 편지였다. 이외에도 조식은 제자들을 가르칠 때 '요즘 학자들은 높이 성명性命을 말하나 실행이 부족한데, 이것은 마치 시가市街를 지날 때 진기한 보물을 보고 고가高價를 헛되게 말하는 것과 같다. (…) 지금의 학자는 성리性理만을 말하여 자기에게 이익이 없으니 어찌 이것과 다르겠는가'라든가, '강론하고 분석하는 말을 좋아하지 않아 모두 헛수고와 공언空言으로 여겼으며 몸소 행하는 데 무익하다'라고 하는 등 실천이 따르지 않는 이론 논쟁은 현실에 별다른 도움이 되지 않음을 강조했다.[11]

이처럼 조식이 당시 이기理氣 논쟁이 지식인들끼리의 학문 논쟁에만 그치고 백성들에게 아무 도움이 되지 않는다고 말한 것은, 민생 현장에 직접 나서서 백성들의 삶의 문제를 해결하기 위해 각종 산업의 육성을 강조한 이지함의 학풍과 유사한 측면을 보여준다.

우남명과 좌퇴계

대부분 이황과 가장 선명하게 비교되는 인물로 율곡 이이를 손꼽지만 실제 퇴계의 가장 큰 학문적 라이벌은 남명 조식이다. 남명은 퇴계(1501~1570)와 동년인 1501년에 태어나 영남학파의 양대 산맥으로 인식되었다. 퇴계의 근거지 안동·예안은 경상좌도의 중심지이며, 남명의 근거지 합천·진주는 경상우도의 중심지였다. 낙동강을 경계로 '좌퇴계 우남명'으로 나뉜 것이다. 퇴계는 온화하고 포근한 청량산을 닮았고 남명은 우뚝 솟은 기상의 지리산을 닮아갔다. 둘은 기질과 학풍·현실관 등에서 분명한 입장 차를 드러내 이들이 생존하던 시절부터 종종 비교의 대상이 되곤 하였다. 선조대에 윤승훈은 퇴계의 학풍을 이은 상도上道(경상좌도)는 학문으로서 인仁을 숭상하고, 남명의 학풍을 계승한 하도下道(경상우도)는 절의節義로써 의義를 숭상하다고 하였다.

조선후기의 실학자 이익李瀷도 '상도는 인을 숭상하고 하도는 의를 주로 하며 퇴계의 학문이 바다처럼 넓다면 남명의 기질은 태산처럼 높다'고 함축적으로 대비시켰다.

퇴계가 온건하고 합리적인 기질의 소유자로서 성리학을 이론적으로 심화·발전시켜간 모범생 유학자라면 남명은 독특한 캐릭터의 유학자였다. 성성자惺惺子라는 방울을 지니고 칼을 찬 모습하며, 과격하고 직선적인 언어로 조정을 발칵 뒤집어놓았던 강한 개성은 그를 특징짓는다. 이러한 남명에게 퇴계의 온건하고 이론 중심적인 성리학은 비판의 대상이 될 수밖에 없었으며, 퇴계 또한 남명의 학문을 일컬어 '신기한 것을 숭상한다'거나 '노장적 경향이 있다'고 하여 은근히 그의 신경을 자극했다.

둘의 학풍 차이는 현실 인식에도 반영되었다. 퇴계와 남명은 50여 년간의 사화기를 겪으면서 출사보다는 학문 연구와 후진 양성에 주력했다. 그러나 명종대 이후 현실의 모순이 점차 해소되었다고 판단한 퇴계는 출사하여 경륜을 펴는 것 또한 학자의 본분을 넘어서지 않는 것으로 여겼다. 반면 남명은 그렇지가 않았다. 그는 자신의 시대를 모순이 절정에 이른 '구급救急'의 시기로 파악하고 끝까지 재야의 비판자, 곧 처사로 남을 것을 다짐했다.

왜적에 대한 입장에서도 둘의 눈은 달랐다. 퇴계가 회유책을 견지한 데 비해 남명은 강력한 토벌책을 주장했다. 남명은 제자들을 가르치면서 '왜적이 설치면 목을 확 뽑아버려야 한다'는 강경한 표현을 쓰는가

처사형 학자 조식이 후학 양성과 강학에 힘썼던 지리산 기슭의 산천재山天齋.

하면, 외손녀 사위인 곽재우에게는 직접 병법을 가르치기도 했다. 퇴계의 성리학이 일본에 큰 영향을 주고 남명의 문하에서 최대의 의병장이 배출되었던 것도 우연이 아니었던 셈이다.

조식이나 이지함처럼 백성의 삶을 위해서 성리학의 해석을 둘러싼 치밀한 이론 논쟁보다는 실제 유용한 부분에 관심을 가져야 한다는 생각을 가지고 이를 적극 실천한 학자가 탄생한 것에서, 조선중기 사상사의 흐름을 주자성리학과 이론 중심으로만 파악하는 견해에는 무리가 있다. 또한 실학의 흐름을 조선중기 이지함 같은 학자에게서 그 연원을 찾아보는 것도 검토해볼 만하다. 이지함을 기인으로서보다는 실학자로서 자리매김하는 것 역시 조선중기 사상사를 좀더 풍요롭게 이해할 수 있는 기반이 될 것이다.

이지함은 백성들에게 도움이 되는 것이라면 '리利'도 적극 도입해야 한다는 생각을 품고 있었다. 이것은 그가 전통적인 농본억말의 분위기에서 말업을 농업과 동등하게 중시한 것과도 연결된다. 이지함은 덕德과 물을 본말에 비유하면서 "대개 덕은 본本이고 재물은 말末입니다. 그러나 본말은 어느 한쪽이 치우치거나 폐지되어서는 안 됩니다. 본으로써 말을 제어하고 말로써 본을 제어한 후에 사람의 도리가 궁해지지 않습니다"[12]라고 하여 본업本業과 말업末業의 상호보완성을 강조했다.

이지함은 농사가 근본이며 소금의 제조와 수공업 같은 산업이 말업임은 분명하지만, 근본과 말업이 서로 견제하고 보충함으로써 조화를 이루어야 재용財用이 결핍되지 않는다고 주장하였다.[13] 그리하여 자신이 부임했던 포천의 경우 본업인 농업이 부족하니 그 부족함을 말업으로써 보충해야 한다는 것을 거듭 강조했다. 즉 농토가 부족하면 다른 방법으로 경제적 부를 창출해야 한다고 판단했던 것이다. 특히 황해도 풍천부 초도椒島의 염전을 임시로 포천현에 소속시켜 염전으로 활용함으로써 소금을 곡식과 바꿀 수 있도록 해줄 것을 요청한 것은 획기적인 발상이었다. 이것은 한 지역 경제에만 국한하지 않고 경제적 범위를 타지역까지 확대한 것으로 당시로서는 매우 선진적인 생각이었다.

결국 백성들의 삶에 도움이 된다면 다양한 경제적 방법을 시도할 수 있다는 이지함의 입장은 말업으로 천시되었던 은의 채굴이나 어염의 이익을 적극적으로 획득해야 한다는 주장으로 구체적으로 표출되었다고 볼 수 있다. 그렇지만 이러한 건의는 국정에 반영되지 않았다. 실록의 다음 기록은 당시 조정의 분위기를 보여주고 있다.

포천현감 이지함이 벼슬을 버리고 고향으로 돌아갔다. 지함은 현에 있으면서 검소하게 처신하고 백성 보기를 자식같이 하였다. 현에 곡식이 부족하자 조정에 건의하여 해읍海邑의 어량漁梁을 절수해 곡식과 교환해줄 것을 요청했으나 조정에서 따르지 않았다. 이지함은 본래 고을 수령으로 오래 머물 계획이 없었기 때문에 곧 병을 핑계로 사직하고 돌아갔다.[14]

이지함은 자신이 구상한 방책이 받아들여지지 않자 결국 사직을 하고 만다. 그렇다고 이지함의 이러한 경제 사상이 단선적으로 제기되고 소멸된 것은 아니었다. 이덕형·유몽인 등 선조대와 광해군대 일부 학자의 경제 사상은 농본주의에 그치지 않고 상업·무역 등 말업을 적극적으로 활용하여 국가 경제와 민생을 다 같이 유족하게 해야 한다는 주장을 펼친다. 그 대표적인 인물은 이산해, 박홍구, 유몽인, 이덕형, 김신국 등으로 북인계 관료학자들이다. 이들이 북인계라는 점에서 이지함의 학풍이 주로 북인들에게 영향을 미쳤다고 추론할 수 있다.

앞서 지적한 바와 같이 이산해는 이지함의 조카이며, 이덕형은 이산해의 사위로 가계상으로도 연결된다. 유몽인 또한 이지함·이산해로 이어지는 한산 이씨 집안과 세교世交를 맺고 있었음을 고려할 때 이지함의 경세론이 이산해, 유몽인, 이덕형 등 북인계 관료들에게 일정한 영향력을 미쳤음을 짐작할 수 있다.[15]

당인으로서의 북인은 동인에서 남인과 함께 분기된 당색이다. 선조대 후반에서 광해군대까지 정권의 주축을 담당했으나, 1623년 인조반정으로 서인들에 의해 완전히 정계에서 축출된다. 대개 북인들의 사상 성향은 주자성리학을 절대시하지 않고 다양한 학문에 관심을 기울이는 경향이 컸으며, 사회경제 정책의 추진에도 적극적이었다는 평가를 받는다. 조식과 서경덕이 북인의 사상적 원류가 되고 이들 학문을 계승한 남명학파와 화담학파가 북인의 주축을 이루었다.

이지함의 조카이자 한때 북인의 영수로 활약했던 이산해는 당시 사회의 문제점을 제시하고 그 극복 방안으로 둔전屯田과 자염煮鹽을 활용할 것을 강조했다. 이지함이 소금의 중요성을 강조한 내용과 맥락을 같이하는 부분이다. 이산해가 시폐를 지적하면서 올린 상소문 중에서 우리나라의 빈해濱海는 모두 염장鹽場인데, 그 이익을 활용하지 못한 현실을 지적한 부분이 있으니 살펴보자.[16]

신이 청컨대 소금을 굽는 대책을 진달하겠습니다. 소금을 굽는 일은 공력이 그다지 많이 들지 않으나 효과는 가장 많이 볼 수 있습니다. 1천 이랑의 둔전이 수백 개의 염조鹽竈만 못합니다. 남월南越이 비옥하고 풍요로운 것은 어염이 근본이 되고 전오全吳도 풍부하여 이윤이 주산鑄山과 같으니, 이것이 진실로 재물을 모으는 상책입니다. 우리나라 해변이 모두 소금 굽는 장소였는데, 태평한 시절에 곡식이 남아서 썩어나던 시절을 살아온 나머지 다시는 이런 이점이 있다는 것을 알지 못한 지가 오래되었습니다. 지금 바닥이 나버린 나머지 조그만 재물과 이익을 추구하려고 해도 이렇다 할 대책이 없는데 유독 이 일만을 그냥 두고 거행하지 않은 채 간혹 관원을 파견함으로써 일을 감독하게 하니, 얻은 바는 으레 사소한 정도에 그쳐 소신이 이 점에 대하여 삼가 의혹을 갖지 않을 수 없습니다.
일반적인 사물은 가격이 비싸더라도 판매하기 어려우면 이익이 될 수 없습니다. 그렇지만 소금은 산만큼 쌓여 있더라도 팔지 못할까 걱정할 일이 없습니다. 또 역사役事를 할 즈음에 인부를 소집하기가 어려운 점, 식량을 잇대기 어려운 점, 수해와 가뭄에 유지하기 어려운 점이 크게 둔전과 같지 않은 점이 있습니다. 호서나 해서의 도서와 정록汀麓 사이에 염기鹽氣가 많아서 경작하기에 적합하지 않은 곳이 비어 있고 땔감이 무성한 곳을 찾아서 곳곳에다 염정鹽井과 염조鹽竈를 설치해두고 또 떠돌면서 빌어먹는 백성들을 모집해다가 둔전을 경작하게 하고 대오를 짓게 해서 일을 추진하게 한다면, 처음 역사를 시작한 날에 식량이 그 가운데에 있을 것이니 어느 누가 기꺼이 참여하기를 바라지 않겠습니까.

위의 상소문에서 이산해는 해서와 호서의 염전 개발을 적극적으로 추진하여 궁핍한 국가 재정을 확보할 것을 주장하고 있다. 이지함이 제기한 염전 개발이 조카인 이산해에 의해 구체적으로 제기된 셈이다.

삼면이 바다인 조선이 소금 등 해양 자원의 적극적인 개발에 관심을 두지 않고 농업경제에만 머물러 있는 안타까운 현실을 극복하고자 하는 의지에서 피력된 것으로, 이지함과 이산해의 소금의 자원화에는 말업의 적극적인 활용이라는 개방적인 사고가 자리잡고 있었다.

국가의 자원을 최대한 개발하여 부강한 나라 조선을 만들고자 했던 이지함. 그러나 시대의 벽은 너무 높았고, 이지함은 자신의 구상을 완전히 실천하지 못한 채 사라졌다. 그러나 불씨처럼 존재했던 그의 사상은 훗날 김신국이나 김육과 같은 관료형 학자나 북학파 학자들에 의해 그 결실을 맺게 된다.

화폐 유통론자 김신국과 말업 중시 사상

이지함보다는 조금 뒷 시기에 활약하기는 하지만 그와 비슷한 말업관을 보인 관료학자로 김신국金藎國(1572~1657)이 있다. 김신국은 이지함의 조카인 이산해가 그의 존고부尊姑夫이므로, 이지함과 일정한 인척관계에 있기도 하다. 또한 서경덕에게서 학문을 전수받은 정개청의 문인인 남이공南以恭과는 사돈관계로 이지함처럼 서경덕의 학문적 영향권에 있었던 인물임에는 틀림없다. 김신국의 행적을 통해 조선중기에 이지함처럼 상업과 수공업의 중요성을 인식한 학자가 얼마나 존재했는가를 살펴보자.

김신국은 화폐 유통과 은광 개발에 특히 적극적이었으며, 조선의 국부를 증대하는 방안으로 유통경제 활성화의 중요성을 인식하고 실천한 인물이다. 여기서 김신국을 언급하는 것도 이지함이 외로운(?) 선각자만은 아니었음을 강조하려 하기 때문이다. 광해군에서 인조대에 걸쳐 활약한 북인계 관료학자 김신국은 화폐 유통론을 적극 개진했는데, 그를 통해서도 농업경제에만 머물지 않고 상업과 수공업의 중요성을 강조한 학자들이 다수 존재했음을 확인할 수가 있다.

조선중기의 사회는 기존에 이해된 것보다는 진취적인 사상 성향을 보이면서 사회경제 문제를 해결하고자 적극적으로 나선 관료학자가 상당수 나타나고 있었다. 여태까지 이러한 측면은 별달리 부각되지 않았다. 이것은 그동안 조선중기 이후의 사회를 주자성리학 중심으로, 그것도 사단칠정론이나 호락논쟁과 같은 사상 논쟁의 관점이나 지나치게 당쟁의 관점에서 파악한 것과 깊은 관련이 있다. 이황이나 이이, 송시열처럼 주자성리학의 이론 탐구에서 큰 성과를 보이고 문인 양성에 주력한 학자들을 중심으로 이 시기 사상사를 이해하는 것 역시 이러한 학문 경향과 관계가 깊다.

최명길, 김신국, 김육, 심열 등과 같은 관료학자들의 행적은, 최명길이 병자호란 때 주화론의 대표자로 알려져 있는 것을 제외하면 국사교과서에서조차 거의 찾아보기 힘들다. 이 장에서 관료학자의 대표주자로 굳이 김신국을 언급한 것도 그가 개진한 화폐 유통론과 은광 개발론을 통해서 조선중기 사회를 보다 역동적으로 이해할 수 있는 부분이 있으며, 이것은 크게 보면 이지함의 적극적인 말업 중시 사회경제 사상과도 연결되기 때문이다.

김신국의 호는 후추後瘳, 본관은 청풍이다. 아버지 급汲은 현감을 지냈으며, 어머니는 풍천 임씨로 임보신任輔臣의 딸이다. 김신국은 붕당 정치기에 남이공과 함께 소북小北의 영수로 활약했으며, 광해군대에는 호조판서 등을 역임했다. 인조반정 이후 인목왕후를 폐위시킨 폐모정청廢母庭請에 참여했다는 이유로 일시 유배되기도 했으나, 재주와 국량[才局]을 인정받아 다시 호조판서를 맡았다.

김신국이 맡았던 주요 관직은 평안감사와 호조판서이다. 특히 이 두 관직을 이제까지 정치 세력의 대거 교체를 가져왔다고 평가되는 광해군대와 인조대에 동시에 맡은 점이 주목할 만하다. 김신국은 당색으로는 북인 중에도 소북에 속하는데, 북인 학풍의 특징으로 꼽히는 박학풍과 상무尙武적인 면모를 잘 보여주는 인물이다. 김신국은 임진왜란이 일어나자 충주에서 1천여 명의 의병을 모집했으며, 1593년 도원수 권율의 종사관으로 있을 때 권율은 '진실로 경제經濟의 재목이다'라고 하며 그의 재능을 인정했다. 유성룡 또한 문신으로 재주가 있는 자를 발탁하여 병서와 진법을 가르치고자 할 때 김신국을 추천하였다. 그가 광해군·인조 양대에 걸쳐 요직을 담당할 수 있었던 것은 무엇보다도 재국을 인정받았기 때문이다. 1634년 김신국이 일찍이 폐모정청에 참여했다는 이유로 사직할 것을 상소하자 이조에서는 재주가 있을 경우에는 허물을 씻어주고 그 재주를 쓰는 법이라 하여 그의 능력을 평가하였다.[17] 정권 교체와 무관하게 능력을 갖춘 인재 등용은 현대 정치사와도 합치하는 부분이 있다.

김신국은 1619년부터 1623년 인조반정이 일어나기까지 4년간 호조판서로 있으면서 광해군대 후반의 경제 정책을 이끌어갔다. 그는 광해군대에 호조판서로 임명된 직후에 '식화食貨는 왕정이 먼저 할 바이며, 축적蓄積은 생민의 대명大命'이라는 전제하에 은광 개발과 주전鑄錢의 통용을 건의했다.[18] 임진왜란 이후에 대동법이 확대 실시되면서 조세가 금납화金納化되고, 명나라·일본과의 교역을 통해서 얻은 유통경제의 유용성에 대한 인식은 화폐의 주조에 대한 논의를 활발하게 하였다. 선조 후반부터 이덕형·유몽인·이수광 등 일군의 학자에 의해 이러한 주장이 제기되었으나, 김신국은 실질적인 정책 추진자의 입장에서 화폐 유통을 추진했다는 점에서 큰 의미를 지닌다.

인조반정 이후인 1625년에 다시 호조판서에 제수되면서 김신국은 전폐 유통을 계속 추진했다. 즉 당시 경제 정책의 주요 과제를 '제국용制國用' '행전폐行錢幣' '수해리收海利'*로 설정하였는데,[19] 이는 화폐 유통에 대한 그의 집념을 잘 보여준다. 김신국이 화폐의 유통을 건의하게 된 직접적인 계기는 한정된 농업 생산에만 의존하는 국가 재정의 결핍을 극복하려는 데 있었다. 이지함이 말업의 육성을 통해 국부를 증진하려 한 것과도 유사한 구상이다. 그는 양전量田의 철저한 시행으로 농업경제를 기반으로 하고 그 위에서 국용을 절제하며 생산을 확대하는 방안, 즉 절제와 생산 양 측면의 균형을 중시했다. 김신국은 고려 성종대 이래로 화폐를 사용한 역사에 대해 해박한 지식을 지니고

* '국가의 비용을 절제할 것', '동전 화폐를 유통시킬 것', '바다 자원의 이익을 거둘 것'.

있었다. 또한 조선사회가 현재 곤궁한 요인으로 미포米布로 유통하는 현실을 지적했다.[20] 그는 '주식무환지법酒食貿換之法을 제정하여 배고픈 사람이 동전을 가지고 시장에서 쉽게 술을 마시고 먹을 수 있게 하고 사람들이 이것을 즐길 때 동전 사용의 묘미를 알 것'이라 하였다.

김신국의 건의는 바로 수용되어 이 해 11월에 호조의 요청으로 인경궁仁慶宮에 주전청鑄錢廳을 설치하고 동전주조 사업에 착수하였다. 성중城中에 가게를 설치하고 술과 음식을 동전으로 사고팔게 하면서 동전 유통의 현실성을 면밀히 검토했으나, 1627년 정묘호란이 일어나자 화폐 주조는 일시 중단되었다. 김신국은 인조에 의해 강력한 화폐 유통론자로 인식되고 있었으며, 최명길도 1635년 '김신국이 화폐의 유통을 꼭 해야 한다고 했는데, 지금 호조판서에 제수되었으니 어쩌면 행할 수 있을 듯도 합니다'라고 하여 김신국의 능력에 대해 기대를 걸었다.

김신국과 함께 소북의 영수이자 사돈관계에 있었던 남이공 역시 화폐 유통에 적극적이었다. 1628년 7월 남이공은 용전법用錢法을 실시할 것을 청하였다. 그러나 호조에서는 화폐를 주조하여 전국에 유통시킨 뒤 관가에 바치는 모든 물품을 대납하게 하고 이를 근거로 통용하게 해야 하며, 가능한 풍년을 기다려 하자는 유예적인 입장을 표명했다.

김신국과 남이공은 선조에서 광해군대에 이르는 붕당 정치의 시기에 북인의 핵심적 인물로 활약했으나, 정국이 바뀐 인조대에도 그 재주와 국량을 인정받아 등용될 수 있었다. 인조대에 이들은 당인으로서가 아니라 실무 관료로서 활약했다. 이들에게서 뚜렷한 학통은 발견되지 않으나, 김신국이 조식과 성운의 처세를 높이 평가했다는 기록이나, 남이공이 화담 문인인 정개청에게서 수학했다는 기록을 볼 때, 북인의 학통에 가장 근접해 있다고 할 수 있다. 또한 이덕형·유몽인·이산해 등 북인계 관료에게서 보이는 박학풍과 경세론이 이들에게도 나타난다는 점에서 사상사적으로는 북인의 범주로 보는 것이 가장 타당할 듯하다.

정묘호란의 여파로 일시적으로 잠잠했던 화폐 유통 논의는 1633년 이후 다시 활발해졌다. 1633년 호조에서는 전란 후 잠잠했던 주전鑄錢과 화폐 유통을 다시 건의하였다. 이에 대해 비변사에서도 '마땅히 호조가 아뢴 것을 따라서 돈을 오래도록 사용할 수 있는 기반이 되게 하십시오'라며 전적으로 동감을 표하였다. 당시 주전과 화폐 유통 논의가 적극 전개되었던 배경에는 17세기 이후 극심했던 조선사회의 자연재해를 들 수 있다.[21] 농업이 자연재해에 가장 취약한 산업인 만큼 자연재해를 극복하기 위한 방안에서도 상업이나 수공업과 같은 말업의 중요성이 인식되었던 것이다.

위에서 제시한 학자들의 말업관은 상당히 선진적인 것으로, 전란 직후의 민생 피폐와 재정 궁핍을 타개하기 위해서 소금과 해산물의 무역, 은광의 개발, 수레와 선박의 이용, 화폐의 사용, 목축의 강조, 점포의 설치 등 유통경제의 활성화에 깊은 관심을 표명했는데, 이러한 흐름은 18세기 후반 이후 풍미하는 북학파 학자들의 사회경제 사상과도 일맥상통하고 있다. 이제까지 북학 사상은 주로 청나라 학자들의 사상에 영향을 받은 측면만이 강조됐지만, 이지함, 이산해, 유몽인, 김신국, 김육 등 16세기에서 17세기에 걸쳐 적극적인 사회경제 사상을 개진하고 실천한 학자들이 상당수 존재했음을 볼 때 북학 사상이 조선 사회의 내재적인 흐름으로도 존재했던 사실은 충분히 강조될 필요가 있다.

위에서 살펴본 것처럼 조선중기 이후에도 주자성리학의 이론 탐구에만 주력하지 않고 다양한 학문과 사상에도 깊은 관심을 가지면서 이를 적극적인 사회경제 정책과 연결시키려 한 학자들이 존재했다. 이들 비정통 주자성리학 계열의 사상은 사화기를 거쳐 임진왜란을 겪으면서 그 흐름이 보다 강화된다. 임진왜란을 계기로『주역』과 동국사東國史에 대한 관심이 고조되고 양명학이 국가 재정비를 위한 하나의 방안으로 부각되었으며, 아울러 노장 사상이 유행하는 것도 이러한 흐름의 형성에 일조를 하였다.[22] 특히 17세기 전반은 '소빙기 현상' 등으로 비롯된 심각한 자연재해로 지구 전체가 피해를 입고 있었으며, 조선에서도 이러한 징후가 나타났다.[23]

계속된 자연재해는[24] 농업경제 이외에 국부의 수단으로서 상공업이나 해양자원의 개발, 국제무역에 대해 관심을 가지는 계기가 되었던 듯싶다. 16세기 최말기부터 시작된 동아시아지역의 소빙기 현상은 각국의 경제를 심각한 상태에 빠뜨렸다. 홍수와 가뭄의 자연재난이 2~3년 간격으로 되풀이되는 상황은 이미 입은 전란의 피해를 쉽게 회복할 수 없게 하였으며, 여진족의 남하로 유발된 전란은 회복력을 더욱 감소시켰다. 그러나 이러한 악조건 속에서도 동아 삼국의 국제 교역은 활발했다. 교역은 본래 서로 없는 것을 나누는 것을 본질로 하므로 각 국가의 회복력은 국제 교역에서 기대되는 것이 많았다.[25]

임진왜란 중에 조선은 명나라군의 간섭으로 '개점수세開店收稅[*]'의 제도를 공식적으로 인정하였으며, 화폐의 주조도 임진왜란 직후 명나라 장수 양호 등에 의해 먼저 제의가 들어왔다. 1598년 4월에 조선에 파견된 양호는 명의 만력통보를 주조·유통하여 전란 직후 고갈된 군량미를 보충하고 국가 경비에 충당할 것을 제의하였다.[24] 국제 교역과 함께 국내에서도 장시가 발달하고, 대동법이 일부 지방에 실시되어 조세가 금납화되었으며, 국역國役 노동이 고립화되는 등 조선사회에서는 16세기 후반 이후 상업과 유통의 발달을 촉진시킬 수 있는 조짐들이 점차 나타나게 되었다.

결국 전란과 자연재해로 침체된 경제를 복구하기 위해서는 은광 개발이나 주전론 등 상공업적인 측면에서 국부를 증대하는 방안이 모색되었으며, 이에 따라 말업인 상공업에 대한 관심이 커졌다. 이러한 관심은 정통 주자성리학의 입장을 고수했던 퇴계학파나 율곡학파에 비해 다양한 학문과 사상에도 관심을 보였던 화담학파 학자들에게서 현저했으며, 이지함이나 김신국을 이러한 흐름의 중심에 위치한 학자로 볼 수 있는 것이다.

[*] 상점을 열어 세금을 거둠.

선조대 후반과 광해군대에 적극 추진되었던 은광의 개발이나 대동법의 시행, 국제무역의 재개 등 상품화폐 경제에 기반한 정책 가운데 적지 않은 부분이 화담 계열을 중심으로 주장·강조되었던 것에는[26] 이러한 사상적 흐름이 있었기 때문이었다. 이런 관점에서 본다면 이지함은 서경덕 학파의 인물 중에서도 가장 주목되는 실용주의 경제학자였다고 할 수 있다.

북학 사상의 원조, 이지함

이지함의 사회경제 정책은 무엇보다 민간의 실상을 직접 체험한 바탕 위에서 제시된 점에서 큰 의미가 있다. 그리고 그의 사회경제 사상은 북학파로 지칭되는 후대 학자들로 인하여 다시 한번 현실의 전면에 나타났다. 이지함이 제시했던 부국과 해외 통상론을 가장 적극적으로 수용한 학자는 18세기 후반의 북학파 학자 박제가이며, 19세기 실학자 이규경은 유형원의 논저를 인용하여 이지함이 빈곤을 극복하는 방안으로 해외 통상론을 제시한 것을 높이 평가했다.[27]

박제가는 청나라 사행을 다녀온 후에 쓴 저술 『북학의』에서 두 차례에 걸쳐 이지함을 언급하고 있다. 우선 「선船」 항목에서는 "만약 표류인들이 와서 연해 제읍에 정박하면, 반드시 선박 제조 및 다른 기술을 상세히 묻고 재주가 있는 장인으로 하여금 그 방식에 의거하여 배를 만들도록 한다. 혹은 표류한 선박을 모방하여 배우고 혹은 표류한 사람을 머물러두고 접하면서 그 기술을 다 배운 후에 돌려보내는 것도 무방하다. 토정(이지함)이 일찍이 외국의 상선 수 척과 통상하여 전라도의 가난을 구제하려고 했는데, 그 견해가 탁월하면서도 원대하다"고 했으며,[28]「통강남절강상박의通江南浙江商舶議」에서는 "우리는 나라가 작고 백성이 가난하다. 지금 밭을 가는 데 온 힘을 쏟고, 현명한 인재를 등용하며 통상하고 공인工人에게 혜택을 주어 나라 안에서 이용가능한 방법을 다 써보아야 한다. 그렇게 한다고 해도 오히려 넉넉지 못할까 염려된다. 그러므로 여기에 그쳐서는 안 되고, 반드시 먼 지방에서 산출되는 물건을 통상하여 가져와야만 재화財貨가 불어나고 온갖 쓸 만한 물건이 만들어진다. (…) 우리는 저들(중국)의 기술과 예능을 배우고 저들의 풍속을 질문함으로써 나라 사람들이 견문을 넓히고 천하가 얼마나 큰 것이며, 우물 안 개구리의 처지가 얼마나 부끄러운가 하는 사실을 알게 될 것이다. 이 일은 세상의 개명을 위한 밑바탕이 될 것이니 교역을 통해 이익을 얻는 데만 그치지 않을 것이다. 토정 이지함 선생이 일찍이 외국 상선 수 척과 통상하여 전라도의 가난을 구제하려고 한 적이 있다. 그분의 식견은 탁월하여 미칠 수가 없다"[29]라고 하였다.

이지함의 논리가 200년을 뛰어넘어 청나라 사행을 경험으로 저술된 박제가의 『북학의』에 수용되고 있는 사실은 주목할 만하다. 박제가는 국가에서 생산할 수 있는 가용 자원을 최대한 활용하고, 나아가 통상의 중요성을 부각시키면서 조선에 맞는 모델을 이지함에게서 찾은 것이다.

이지함은 앞서 지적한 바와 같이 '땅과 바다는 백 가지 재용의 창고'임을 강조하고, 씨 뿌리고 나무 심는 일뿐만 아니라 은의 주조, 옥의 채굴, 고기잡이, 자염에 이르기까지 백성들을 구제하는 일은 마땅히 국가가 주도해서 그들의 삶을 안정시켜야 함을 강조했다. 그런데 이지함의 이러한 부국과 민생 안정의 논리는 박제가의 「재부론財富論」에서 계승되고 있다.

> 이재理財를 잘하는 사람은 위로는 하늘을 잃지 않고 아래로는 땅을 잃지 않으며, 가운데로는 사람을 잃지 않는 것이다. 기물의 사용에 불리不利하여 남은 하루가 걸리는데 나는 혹 한 달이나 두 달에 이른다면 이것은 하늘을 잃은 것이다. 밭 갈고 씨 뿌리는 데 법이 없어 비용이 많고 수확이 적으면 이것은 땅을 잃은 것이다. 상인들이 통상을 하지 않고 유리걸식하는 사람이 늘어나면 이것은 사람을 잃은 것이다. 세 가지를 모두 잃는 것은 중국을 배우지 않은 잘못 때문이다.[30]

위에서 나타난 박제가의 국부 증대책과 해상 통상론은 국내 시장 육성의 연장선상에 있었다. 소비를 우물에 비유한 것에서 드러나듯 박제가는 상업과 시장의 활성화를 강조했다. 또한 시장 발전을 주도할 영역은 국내가 아니라 외국 시장에 있다고 보았다. 조선은 작고 가난하기 때문에 국내 산업을 육성하여 이용할 자원을 다 개발하여도 부국을 이루기 힘들므로, 원격지 유통을 활성화하고 해로로 통상을 해야 하는데도, 조선조 400년 동안 해상 통상이 이루어지지 못했다는 것이다.

박제가는 해로를 이용한 무역의 활성화를 통해 경제적 이익을 추구하는 데 그치지 않고 사상적 폐쇄성을 극복하고 문물을 발달시키기를 기대했다. 중국과의 해상무역으로 인해 배·수레·궁실·기물의 편리한 제도를 배울 수 있고 천하의 서적도 들어올 것이니, 습속에 얽매인 선비들의 편벽되고 고루한 소견은 저절로 타파되리라는 것이다. 박제가의 해상 통상론은 오랑캐로 간주하던 청나라로부터 선진 문물을 배우자는 북학파의 기본 이념에 직결되는 것이다.

이러한 사상의 원류에 이지함이 있었음은 북학 사상이 형성된 배경을 주로 청의 영향이라는 외래적인 요인에서 찾는 견해에 색다른 시사점을 던져준다. 이지함의 존재는 북학사상의 원류에 내재적인 사상의 흐름이 있었음을 찾을 수 있는 단서이기 때문이다. 박제가는 「교역설」에서 유구·남양과의 교역을 통해 민부民富를 증진하자는 이지함의 견해를 지지하였고, 서양인이 시장을 관사館舍로 삼아 각국 사람을 접대하는 것 등을 지적하면서 외국인에 대해 개방적인 자세를 가질 것을 촉구했다.[31]

이지함이 유형원, 박제가, 이규경 등 조선후기 실학자나 북학파로 지칭되는 인물들로부터 해상통상의 원류로 인식되었던 점은 시사하는 바가 크다. 농업 중심의 16세기 사회 상황에서 상공업의 중요성과 함께 해외 통상의 필요성까지 주장한 그의 인식은 분명 시대를 앞서간 것이었다. 그의 주장에는 주자성리학만을 고집하지 않고 다양한 학문과 사상에 관심을 두고 연구하는 박학과 사상적 개방성이 자리잡고 있었다. 또한 해상을 중심으로 한 그 삶의 기반도[32] 사상 형성에 주요한 역할을 했다. 이지함이 상소문을 통하여 섬의 경제적 가치를 거론한 것[33] 역시 평소 해안지역에 거처하면서 해양자원의 중요성을 인식한 점이 바탕이 된 것이라 여겨진다.

이지함은 북학 사상이 풍미하는 18세기 후반보다도 200여 년을 앞서 살아간 인물이었다. 그렇지만 그의 사회경제 사상에서는 북학파가 추구했던 해외 통상을 통한 국부 증진의 아이디어가 나오고 있고, 그는 이를 현실에 구체적으로 실천하려 했다. 이지함이 얼마나 시대를 앞서간 진보적인 사상가였는가를 능히 짐작할 수 있는 대목이다.

이제까지 『토정비결』의 저자로 우리에게 친숙하면서도 기인이나 신비한 인물로 비쳐졌던 토정 이지함. 그러나 이지함은 분명 철저히 현실에 발을 딛고 살면서 백성들의 아픔을 조금이라도 해결하기 위해 보다 부강한 국가와 백성들이 잘사는 나라를 만들려고 했던 역사적 인물이었다.

박제가와 『북학의』, 그리고 이지함

18세기를 대표하는 북학파 실학자 박제가朴齊家(1750~1805)가 어린 시절 가장 존경했던 인물은 통일신라시대의 최치원과 조선중기의 학자이자 이지함맨이라고 칭할 수 있을 정도로 이지함을 존숭한 조헌이었다. 박제가는 이들을 흠모하여 그들이 타는 말을 끄는 마부가 되는 것이 소원이라고 했다. 왜 그러한 생각을 가졌던 것일까? 먼저 최치원은 당나라에서 유학하여 돌아온 후 신라사회의 잘못된 점을 지적한 시무십조時務十條를 올렸고, 조헌은 중국에 사신으로 갔다가 돌아온 후 올린 동환봉사東還封事에서 중국이 실사實事가 번성함을 보고 조선도 이에 발맞추어 개혁할 것을 주장하였다.

　박제가는 골품제도의 모순에 빠져 진골 귀족이 기득권을 독점하고 있는 신라사회에 경종을 울린 최치원과 이론과 명분에만 집착하여 실사를 등한시한 조선사회의 문제점을 지적한 조헌의 사상에 공감하면서 이들의 마부가 되는 것을 기꺼이 원했던 것이다. 그리고 그 스스로도 중국 사행의 경험을 바탕으로 당시 조선사회의 문제점과 대책을 정리한 『북학의北學議』를 저술하여 자신이 그토록 존경했던 역사적 인물들과 대등한 위치에 서게 되었다.

박제가는 1750년 승지를 지낸 박평의 서자로 태어났다. 17세 무렵부터 백탑거리, 즉 현재 종로에 있는 파고다 공원 부근을 무대로, 이곳에 사는 이덕무, 유득공 등 서얼 문사들과 어울렸다. 이들의 스승이 바로 박지원이었다. 박지원과 함께 시대의 문제점들을 고민하면서, '북학파'를 형성하게 된다.

1778년 박제가는 이덕무와 함께 북경에 갈 기회를 얻었으며 이때의 경험을 토대로 『북학의』를 저술하였다. 1779년에는 정조에게서 학문적 능력을 인정받아 이덕무, 유득공, 서이수 등과 함께 초대 규장각 검서관으로 발탁되었는데, 4명의 검서관들은 모두 서얼 출신이었다. 이들은 신분보다는 능력을 중시한 정조의 총애를 받았다. 박제가는 자신을 알아준 군주 정조의 눈에 띔으로써 한껏 그 능력을 발휘하면서 북학파의 핵심 인물이 되었다.

조선의 만성 질병을 치유하라

『북학의』는 18세기 후반 사회적 위기에 직면한 조선의 만성적 질병

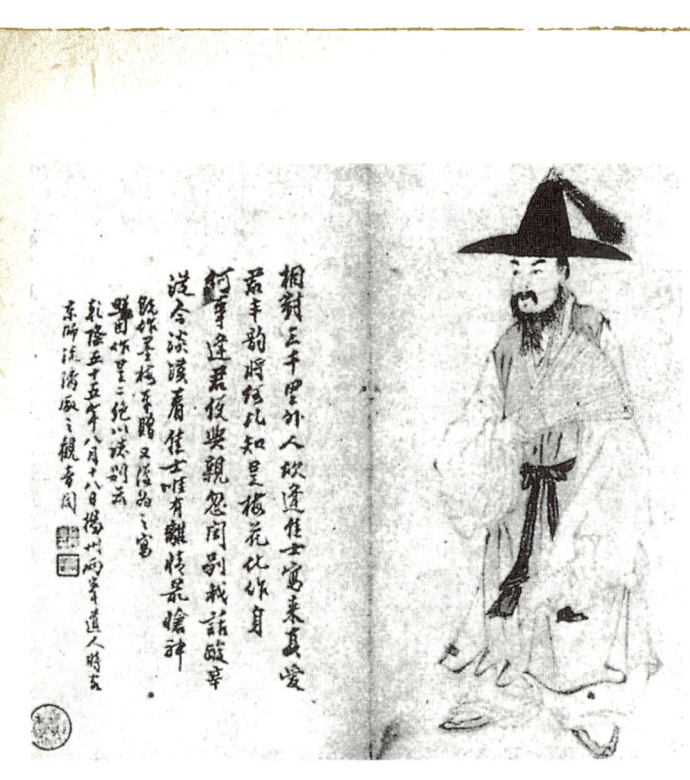

나양봉, 〈박제가 초상〉, 규격 미상, 소실. 박제가는 이지함을 존숭했던 '이지함맨' 조헌을 가장 존경했다. 그의 북학 사상 역시 이지함의 사상과 연결선상에서 볼 수 있다.

을 치유하기 위한 의도에서 만들어진 저작물이었다. 당시까지 조선사회는 외국 문화에 대해 굳게 문을 닫고 있었고 지식인은 자아도취에 빠져 백성들의 현실을 외면한 채 성리학의 이론에만 깊이 빠져 있었다. 결국 박제가 북경 사행의 경험을 바탕으로 새로운 세계를 접하고 난 후 후진적 상태에 머물러 있는 사회와 백성의 빈곤을 해결할 수 있는 대책을 정리하여『북학의』를 완성했다.

『북학의』는 그 제목에서 보듯 이후 '북학'이라는 학문이 조선의 시대 사상으로 자리잡는 데 기반이 되는 역할을 하였다. 당시에는 박제가 이외에도 박지원, 홍대용, 이덕무 등 북학의 중요성을 강조하는 학자 그룹이 나타나면서 북학 사상은 시대사상으로서 자리잡게 되었다. 무엇보다 폐쇄적인 사회의 문을 활짝 열고 개방사회로 나아가며, 이용후생利用厚生을 통한 백성들의 생활 안정과 부국을 강조하였기에 북학파 학자들을 일컬어 이용후생학파라 칭하기도 한다. 이들은 청나라 사행을 통해 견문한 내용을 국가의 정책으로 발전시키고자 하였다. 건축자재로서 벽돌의 이용, 교통 수단으로서 선박과 수레의 적극 활용, 비활동적인 한복의 개량, 대외무역의 확대 등이 이들이 제시한 주요 정책이었다. 그리고 북학사상의 바탕에는 사농공상士農工商으로 서열화된 직업의 귀천을 최대한 억제하고 상공업의 중흥을 강조해야 한다는 생각이 자리잡고 있었다.

『북학의』는 서명응과 박지원, 그리고 박제가 자신이 쓴 편의 서문과 함께「북학의 내편內篇」과「북학의 외편外篇」으로 구성되어 있다. 서명

응은 서문에서 "이 책이 채택되어 현실에 적용될지의 여부는 정녕 알 수 없지만 우리나라 조정에서 모범이 되는 책을 편찬할 때 저 솔개나 개미가 미래를 예견하는 구실을 하지 말라는 법은 없을 것이다"라고 하여 이 책에 대한 기대를 표하였고, 스승인 박지원은 "내가 연경에서 돌아왔더니 초정(박제가의 호)이 그가 지은 『북학의』내편·외편 2권을 내어 보여주었다. 초정은 나보다 앞서서 연경에 들어갔는데 농사, 누에치기, 가축 기르기, 성곽의 축조, 집 짓기, 배와 수레의 제작에서부터 시작하여 기와·인장·붓·자를 제작하는 것에 이르기까지 일일이 눈여겨보고 마음으로 따져보았다. 눈으로 보아서 볼 수 없는 것이면 반드시 물어보았고, 마음으로 견주어서 이상한 것이 있으면 반드시 저들에게 배웠다"고 하여 박제가의 적극적인 북학 정신을 높이 평가했다.

박제가는 1778년 가을 통진通津의 농가에서 쓴 서문에서 "저들의 풍속 가운데서 본국에 시행하여 일상생활을 편리하게 할 만한 것이 있으면 발견하는 대로 글로 기록하였다. 아울러 그것을 시행하여 얻을 수 있는 이익과 시행하지 않음으로써 발생하는 폐단을 첨부하여 하나의 학설을 만들었다. 그리고 『맹자』에 나오는 진량陳良의 말을 인용하여 책의 이름을 『북학의』로 지었다"고 하였다. 이어 "이용利用과 후생厚生은 한 가지라도 갖추어지지 않으면 위로 정덕正德을 해치는 폐단을 낳게 된다"거나 "현재 백성들의 생활은 날이 갈수록 곤궁해지고 국가의 재정은 날이 갈수록 고갈되고 있다. 이러한 상황임에도 불구하고 사대부가 팔짱을 낀 채 바라만 보고 구제하지 않을 것인가?"라고 하여 무엇보다 이용후생의 중요성과 함께 빈곤한 백성을 위해 사대부들이 직접 팔을 걷어붙이고 나서야 함을 강조했다.

소비는 우물과 같은 것이다

『북학의』는 청나라 사행 경험을 조선 현실에 어떻게 적용시킬 것인가를 고민하는 문제의식에서 저술된 책이었다. 여기에 소개된 소재들을 살펴보면 다음과 같다. 먼저 내편에는 수레, 배, 성城, 벽돌, 수고水庫, 기와, 자기, 소, 말, 철, 골동품과 서화에 관한 내용이 실려 있으며, 외편에는 밭, 거름 똥과 과일, 농업과 잠업에 관한 내용과 함께 과거론, 관직과 녹봉, 재부론財富論, 중국 강남의 절강 상선商船과 통상하는 문제에 대한 논의, 병론兵論, 북학변北學辨 등 북학 사상을 추구한 자신의 논설을 정리한 내용이 다수 수록되어 있다.

이들 글에서 박제가는 '북학'은 '생활과 백성에 직결된 학문'이라고 주장했다. 또한 가난한 백성을 구제하는 방안으로 수레의 사용과 벽돌 이용의 중요성을 특히 강조했다. 수레는 상업 발달 성과에 따른 유통경제를 활성화시켜줄 수 있는 기구로 인식했으며, 중국에는 벽돌이 다양하고 풍부하게 사용되어 주택, 성벽, 창고 등이 견고함을 지적하여 우리로 이것을 도입해야 함을 역설했다. 박제가는 몸소 벽돌 만드는 기술을 연구함으로써 시범을 보이기도 했으며, 농기구의 수입과 수차 및 비료 사용에 대해서도 깊은 관심을 보였다. 병론에서는 군비軍

費가 백성들의 생활과 직결되어야 준비되고 비용이 들지 않을 것이라고 주장하여, 백성들의 생활과 직결되게 군비를 충당할 것을 강조했다.

박제가는 무엇보다 성리학에서 강조하는 '농본억말農本抑末' 정책에 반대하고, 적극적인 상업의 장려와 그 바탕이 되는 생산의 중요성을 강조했다. "경제란 우물과 같은 것이니 이를 줄곧 이용하지 않으면 말라버린다"는 발언이나 "쓸 줄 모르면 만들 줄 모르고 만들 줄 모르면 민생이 날로 곤궁해진다"는 발언에는 상업과 수공업, 실물경제의 중요성을 강조한 그의 사상이 압축되어 있다. 생산된 것이 소비되어야 재생산이 가능하다는 논리로서, 전통시대에 미덕으로 생각했던 검약이나 소비 억제보다는 적극적인 소비활동을 통해 생산을 증대시키자는 그의 이러한 사상은 근대 경제학 이론과도 흡사해 보인다.

나아가 그는 해외 통상론에도 적극적인 관심을 기울였다. 우선 청나라와 통상한 후 국력을 길러 해외 여러 나라와도 통상할 것을 적극 주장했다. 19세기 후반에 가서야 타율적으로 조선이 개항되었음을 볼 때 박제가의 주장은 100여 년의 시대를 앞서간 탁견이었음을 알 수 있는 대목이다. 박제가는 분명 시대의 선각자였으며, 그가 저술한 불후의 명저 『북학의』는 북학 사상의 대표자로 그를 널리 기억하게 한다. 그리고 박제가 사상의 한 원류에 이지함이 있었다는 점은 조선시대 사상사를 내재적 발전의 과정으로 설명할 때 매우 중요한 근거로 해석할 수 있다.

글을 마치며

　이지함은 처사로 있으면서도 끊임없이 현실 정치에 관심을 가지고 있었다. 마침내 자신의 학문과 사상을 정치에 구현할 수 있는 기회를 맞기도 했으나 결국은 현실 정치의 높은 벽을 느끼고 사직하고 말았다. 그러나 그의 사회경제 사상은 민간의 실상을 직접 목격한 바탕 위에서 끌어낸 점에서 큰 의미가 있으며, 그의 이러한 시도는 북학자로 지칭되는 후대 학자들의 이념과 합치되는 부분이 많다. 후대에 북학파 학자 박제가는 당시에 벌써 해외 통상론까지 주장한 이지함의 탁견에 탄복했다고 한다.

　이지함은 생애의 대부분을 처사적인 삶을 살아가면서 전국 각지를 돌아다녔다. 이러한 유랑생활은 그에게 생활고에 시달리는 많은 백성들을 직접 보고 겪고 들을 수 있는 기회를 만들어주었다. 그의 사회경제 사상의 핵심이 민생 문제 해결에 있었던 것도 이런 경험에서 비롯된 것이었다. 특히 신분이 미천한 사람이라도 능력이 있으면 문인으로 받아들이는 그의 개방성은 소외 계층과 친숙해지는 계기를 마련해주었다. 『토정비결』이 오늘날에 이르기까지 일반 대중에게 친숙하게 다가가는 것도 토정의 이러한 격의가 없는 처세가 중요한 바탕이 되었으리라고 본다.

이지함은 민생 문제에 관심을 가지고 그가 돌아다니던 곳의 주민들에게 장사하는 방법과 생산기술을 가르쳐 무엇보다 자급자족의 능력을 기를 것을 강조했다. 또한 가난한 주민들에게는 자신이 소유한 재물을 고르게 분배해주었으며, 무인도에 들어가서는 박을 심어 수만 개를 수확해 바가지를 만듦으로써 곡물 수천 석과 교환하여 빈민을 구제하기도 했다. 『토정유고』의 「유사」나 『연려실기술』 등에 나오는 이런 기록은 아주 단편적인 것이지만, 당시의 상황을 고려할 때 이러한 이지함의 행위는 적극적인 계획과 실천, 나아가 백성들의 광범위한 지지 없이는 이루기 힘든 일이었을 것이다. 특히 한산 이씨 명문가의 후손임에도 피지배층의 이익을 대변하는 위치에 서서 직접 수공업이나 상업, 수산업에 종사한 점은 높이 평가할 만하다.

이지함의 이러한 사상은 이수광을 비롯한 당대의 일부 다른 학자에게도 나타났으며, 김신국, 유몽인, 이산해 등 북인계 관료학자들은 이지함이 제시한 사회경제 사상과 유사한 입장을 지니고 있었다. 결국 이러한 학풍과 사상은 농업 중심의 자급자족사회에서 상업과 과학에 기초한 개방의 시대로 바뀌어가는 사회 변화와도 관련이 있는 것으로 보인다. 즉 당시에도 일부 학자들에 의해 국부의 증대를 위해서라면 유용한 학문과 사상을 적극 수용하자는 주장이 적극적으로 제시되고 있었던 점에 주목해야 할 것이다.

　이지함은 사화기라는 당시의 정치 현실을 부정적으로 인식했기 때문에 출사를 단념하고 향촌에 은거하면서 학문을 닦았다. 절친한 벗 안명세의 죽음은 무엇보다 그가 정치 현실에 회의를 하게 된 큰 원인이었다. 그러나 이지함의 명망은 조정에서도 계속 주목할 만큼 널리 알려졌으며, 선조대에 마침내 유일로 등용되어 현감직을 맡았다. 이지함은 1573년 포천현감에, 1578년 아산현감에 등용되어 자신의 이상을 직접 정치에 실천할 기회를 맞이했고, 이어서 백성들의 삶 속을 누비면서 체험한 바를 바탕삼아 구체적인 정책들을 제시했으나 아쉽게도 그의 당대에는 받아들여지지 않았다.

　이지함의 학풍과 사상의 특징은 개방성과 다양성에 있었다. 그가 당시의 시점에서 적극적인 말업관을 펼칠 수 있었던 것도 그의 학풍과 무관하지 않다. 이지함은 개인적으로 불교나 노장 사상에 경도된 모습을 보이기도 했으며, 비결서인 『토정비결』을 저술했다고 알려진 것 역시 그의 다양한 사상 수용과 깊은 관련이 있다. 그러나 이러한 측면만을 보고 그를 기인으로 파악할 수는 없다. 당시에 성리학·불교·도교 등 삼교에 두루 관심을 가진 학자들이 다양하게 나타나고 이지함은 폭넓은 교유관계를 형성한 인물이기 때문이다. 이지함에서 나타나는 사상적 다양성과 개방성은 그가 전통적인 농업 중심의 사상에만 집착하지 않고 상공업·어업·염업의 중시 등 적극적인 말업관을 제시할 수 있는 주요한 사상적 기반이 되었다. 백성의 실생활에 도움이 되고 실용에 필요한 것이라면 적극적으로 도입하자는 그의 사상은 당대의 학자인 이수광·유몽인 등에게서도 나타났으며, 후대에 남인 실학자나 북학파 학자들이 제기한 사회경제 사상의 원류가 되기도 했다.

이런 관점에서 볼 때 국부의 증대와 민생 안정을 위해서라면 의義와 리利를 대립적인 것으로 이해하지 않고 적극적인 자원 개발을 도모한 이지함의 사회경제 사상은 매우 진보적이고 유용한 것이었다고 평가할 수 있다. 특히 명문가의 후손이라는 자신의 신분에 구애됨이 없이 민중들과 끊임없이 접촉하고 그 애로 사항을 해결하기 위한 방책으로 제시된 것이라는 점에서 그 의미는 더욱 크다.

이지함의 사상은 정책으로 실현되지 못하고 당시의 사회 문제 해결의 방책을 제시하는 데 그치고 말았지만, 상공업과 유통경제의 바탕 위에서 국부의 증대를 꾀한 후대의 학자들에 의해 주목되면서 농업 중심의 사회 모순을 극복할 수 있는 대안으로 자리를 잡아나갔다. 또한 그의 사상은 변화와 풍요를 갈망하는 민중 속으로 깊이 침잠되어갔다. 민간에서 유포되던 비결秘訣이 그의 이름을 따서 『토정비결』로 정착한 것도 그가 그만큼 민중 지향적인 학자였음을 확인시켜주는 것이다.

당시의 사회에서 민중의 경제적 고민을 해결하고 항상 위안의 벽이 되어준 이지함의 학풍과 사상을 통하여 우리가 추론할 수 있는 것은,

16세기의 조선사회가 결코 보수적이기만 한 사회는 아니었으며, 다양한 학문적 모색과 사상적 고민이 제기되면서 민생의 안정과 사회 발전을 도모하는 학자들의 끊임없는 노력이 제기되고 있었던 시대라는 점이다.

요즈음에도 정치권 일각에서는 일반 서민의 실생활은 저버린 채 자기 정당의 이속 챙기기와 명분 쌓기가 한창이다. 이지함이 제기했던 민중 본위의 사회사상과 적극적인 국부 증대책은 오늘날에도 시사하는 바가 적지 않은 이유이기도 하다. 어려운 시절 백성의 삶 속에 직접 뛰어들어가 체험을 통해 민생 안정과 국부 증진을 꾀한 그의 사상은 시차를 뛰어넘은 현대사회에도 여전히 유효한 울림이 되고 있다.

부록*

1 『선조수정실록』 선조 11년 7월 1일, 아산현감 이지함의 졸기

아산현감 이지함이 사망하였다. 지함의 자字는 형중馨仲인데 그는 기품이 신기하였고 성격이 탁월하여 어느 격식에도 얽매이지 않았다. 모산수 정랑毛山守 呈琅의 딸에게 장가들었는데 초례를 지낸 다음 날 밖에 나갔다가 늦게야 들어왔다. 집안사람들이 그가 나갈 때 입었던 새 도포를 어디에 두었느냐고 물으니, 홍제교弘濟橋를 지나다가 얼어서 죽게 된 거지 아이들을 만나 도포를 세 폭으로 나누어 세 아이에게 입혀주었다고 하였다.

* 이 부분은 이지함의 행적을 가장 잘 정리하였다고 판단되는 당대의 기록들을 수록한 것이다.

그는 어려서 글을 배우지 않았었는데 그의 형 이지번李之蕃의 권고를 받고 마침내 분발하여 학문에 주력하면서 밤을 새워 날이 밝도록 공부하곤 했다. 그리하여 경전經傳을 모두 통달하고 온갖 사서史書와 제자백가의 책까지도 섭렵하였다. 이윽고 붓을 들어 글을 쓰게 되면 평소에 익혀온 것처럼 하였다. 그리하여 과거에 응시하려고까지 하였는데 마침 이웃에 신은新恩을 받고 연희를 베푼 자가 있었다. 그것을 본 그는 마음속으로 천하게 여기고 마침내 그만두었다. 하루는 그 부친에게 고하였다.

"아내의 가문에 길할 기운이 없으니 떠나지 않으면 장차 화가 미칠 것입니다."

그러고는 마침내 가솔을 이끌고 떠났는데, 그다음 날 모산수 집에 화가 일어났다. 그는 사람들을 관찰할 때 그들의 현부와 길흉을 이따금 먼저 알아맞히곤 했는데 사람들은 그가 무슨 수로 그렇게 알아맞히는지 전혀 몰랐다.

그는 평소에 형제와 우애를 돈독히 하여 따로 거처한 적이 없고 상사喪事와 제례에 있어서 전부 고례古禮대로만 하지 않았다. 죽은 사람 섬기기를 살아 있는 이 섬기듯이 하였는데, 형이 죽자 심상心喪 삼년의 복을 입으면서 "형님이 실상 나를 가르치셨으니 이것은 형님을 위한 복이 아니고 스승을 위해 입는 복服이다" 하였다. 이내 처신하기를 확고히 하되 여색을 더욱 조심하였다. 젊은 시절에 주·군州郡을 유람한 적이 있는데 수령과 군수가 이름난 기생을 시켜서 온갖 수단을 다하여 시험해보았지만 그는 끝내 마음을 움직이지 않고 극기克己로 색욕을 끊었다.

그는 열흘을 굶고도 견딜 수 있었으며 무더운 여름철에도 물을 마시지 않았다. 초립草笠을 쓰고 나막신을 신은 채 구부정한 모습으로 성시城市에 다니면 사람들이 서로 손가락질하며 웃었으나 그는 아무렇지 않게 여겼다. 어떤 때는 천 리 먼 길을 걸어서 가기도 하였으며 배를 타고 바다에 떠다니기를 좋아하여 자주 제주도에 들어가곤 했는데, 바람이 일어날 것을 미리 알고 조수의 시기를 알았기 때문에 한 번도 위험한 고비를 겪지 않았다.

또 선친의 산소를 위하여 바닷물을 막아 산을 만들고자 수천 석의 곡식을 마련하여 모았지만 끝내 이루지 못하고 말았다. 교우관계로는 이이가 가장 친했는데 그가 성리학을 공부하라고 권하자, 지함이 말하였다.

"나는 욕심이 많아서 할 수가 없다."

그러자 이이가 다시 물었다.

"공公은 무슨 욕심이 있는가?"

지함이 답하였다.

"사람 마음의 향하는 바가 천리天理가 아니면 모두 인욕인데, 나는 스스로 방심하기를 좋아하고 승묵繩墨으로 단속하지 못하니 어찌 욕심이 아니겠는가?"

그는 항상 말하기를 "내가 1백 리 되는 고을을 얻어서 정치를 하면 가난한 백성을 부자로 만들고 야박한 풍속을 돈독하게 만들고 어지러운 정치를 다스리게 하여 나라의 보장保障으로 만들 수 있을 것이다" 하였는데, 말년에 아산군에 부임하여 정치를 하게 되었다. 그의 정치는 백성을 사랑하는 것으로 그 주장을 삼아 해를 없애고 폐단을 제거하는 것으로써 한창 시설을 갖추어나갔는데 갑자기 병으로 졸하니, 고을 사람들은 친척이 죽은 것처럼 슬퍼하였다.

지함은 일찍이 용산龍山의 마포 항구에 흙을 쌓아 언덕을 만든 다음 그 아래에는 굴을 만들고 위에는 정사亭舍를 지어 자호를 토정土亭이라 하였다. 그 뒤에 비록 큰물이 사납게 할퀴고 지나갔지만 흙언덕은 완연하게 그대로 남아 있었다.

2 이산해의 「숙부 묘갈명」 『아계유고我鷄遺稿』, 권6

숙부의 휘는 지함이며 자는 형백이다. 사는 집을 흙으로 쌓아 그 위를 평평하게 하여 정자를 지었으며 스스로 호하기를 토정이라 하였으니, 곧 내 선인先人의 막내 동생이다. 어려서 부모님을 여의고 나의 선인에게서 글을 배웠고 성장해서는 모산수毛山守인 정랑呈琅의 사위가 되었다. 초례를 치른 다음 날 나가서 날이 저문 다음 돌아왔다. 집사람이 새로 지어준 도포가 없는 것을 깨듣고 그 까닭을 묻자 "홍제교弘濟橋를 지나다가 거지 아이가 추위에 떨면서 신음하고 있는 것을 보고 도포를 나누어서 아이에게 옷으로 주었다" 하니 이 말을 들은 자가 기이하게 여겼다.

평소에 글을 읽을 때가 흔치 않았지만 일단 책을 펴들면 반드시 하루가 지나고 밤이 새도록 보다가 선뜻 광릉廣陵 촌장村庄으로 나가서 심부름 하는 아이를 보내 등불 기름을 가져오게 하니 모산이 만류하기를, "사위가 글을 즐기는 것이 지나치다. 그러다 몸이 상할까 염려된다" 하였다. 허리에 도끼를 차고 산중으로 들어가 소나무를 베어다가 아궁이에 밝게 불을 지피니 연기가 자욱하고 불이 뜨거웠다. 사람들은 서로 피하였지만 공은 단정히 앉아서 게을리 하지 않기를 한 해 남짓 그렇게 하였다.

경전과 사史와 자子 등 수많은 책을 두루 섭렵하지 않은 것이 없었다. 이윽고 붓을 들어 글을 지으면 말이 마치 물이 솟구치는 것처럼, 산이 치솟는 것처럼 활기가 있었다. 장차 과거 공부를 시작하려 했는데, 이웃에서 신은新恩으로 과거에 합격하여 연회를 베푸는 자를 보고 그만 두었다. 뒷날 비록 과거장에 들어가긴 하였으나 문득 제술에 응하지 않았고 제지製紙도 바치지 않았다. 사람이 그 까닭을 꼬집어 물으니 답하기를 "사람이란 각각 기호가 있기 마련이다. 나는 스스로 이것이 즐겁다. 그래서 그만두고 싶어도 그만둘 수 없다" 하였다. 이는 대개 조롱하는 뜻이 들어 있는 것이다.

하루는 나의 선인에게 이르기를 "내가 처가의 형세를 보니 길한 기운이 없습니다. 떠나지 않으면 화가 장차 몸에 미칠 것입니다" 하고서 처자를 거느리고 서쪽으로 갔는데, 다음해에 화가 발생하였다. 이미 돌아와서는 선롱先壟이 바닷가에 있어서 세월이 오래되면 조수의 침해를 받을까 염려된다는 이유로 제방을 쌓고 가늠해보니, 수천 석의 곡식이 없이는 불가능하였다. 그리하여 고기 잡고 소금 굽는 장소에 나가 취판取辦을 하였는데, 아무리 하찮은 일이라도 하지 않는 일이 없었다. 그러나 얻고 나면 도로 불에 태워버리거나 간혹 산처럼 쌓아놓기도 하여 처자는 굶주린 기색이 있었다.

배 타기를 좋아하여 큰 바다를 마치 평지처럼 밟고 다녔다. 국내 산천을 멀다고 가보지 않는 곳이 없었으며, 험하다고 건너보지 않는 곳이 없었다. 간혹 여러 차례 추위와 더위가 지나도록 정처 없이 돌아다니기도 하였다. 평소에 우애가 돈독하여 멀리 떠나 있을 때가 아니면 하루라도 다른 곳에 거처하지 않았다. 제사에는 정성을 다하였으되, 전적으로 『주자가례』에 의존하지 않고 그저 선인 섬기기를 생전에 섬기던 것처럼 하였다. 사람을 접할 때에는 훈훈한 봄날처럼 하고 자신을 관리할 때는 천길이나 되는 절벽에 서 있듯이 하였다. 평소 자식과 조카를 가르칠 적에 여색女色을 가장 경계하여 항상 말하기를 "이것을 엄격하게 하지 못하면 나머지는 족히 볼 것이 아무것도 없다" 하였다. 극기克己하는 문제에 더욱 힘을 쏟았는데, 배고픔을 참고서 10여 일 동안 화식火食을 하지 않기도 하고 목마름을 견디고서 무더운 여름철에 물을 마시지 않기도 했으며, 고달픔을 참고서 발이 부르트도록 걷기도 하였다. 자신을 감추고 세속에 묻혀 살면서 전혀 규각圭角*을 드러내지 않았다. 그리하여 사람들은 그 까닭을 알지 못하였다. 그러나 이따금씩 사람을 놀라게 하는 특이한 행동을 한 것이 한두 번이 아니었으니, 이를테면 폐양蔽陽·녹갈鹿葛·목구木屨·목안木鞍을 착용하고서 관부官府나 성시城市에 들어가면 손가락질하면서 비웃지 않는 사람이 없는데도 오히려 태연자약하는 태도 등을 들 수 있다.

 학문을 할 때는 항상 경敬을 위주로 하여 이치를 연구하고 실천력을 길러 독실하게 하는 것을 우선으로 하였다. 일찍이 이르기를 "성인이란 배워서 도달할 수가 있는 것인데 포기하고서 노력하지 않기 때문에 걱정이다"라고 하였다. 의리를 논하거나 시비를 분별할 때에는 대단히 명확하고 통찰력이 매우 빠르며 사물을 인용하고 연결하는 데에 미세한 것까지도 분석하여, 사람들로 하여금 귀담아 듣고 마음속에 흠모하게 함으로써 혼매한 자를 밝게 하고 의혹을 가진 자를 풀어주고 취한 자를 깨워주었으니, 그 은혜가 후학들에게 미친 것이 많았다.

 재주는 한 시대를 구제하기에 충분하였지만 세상에 시험한 일이 없었으며, 행실은 세속의 규범이 되기에 충분하였지만 세상에서 지표로 삼는 일이 없었다. 지혜는 미세한 것까지 밝히기에 충분하였지만 세상에서 나는 자가 없었으며, 도량은 대중을 수용하기에 충분하였지만 세상에서 예측하지 못하였으며, 덕은 사물을 진압하기에 충분하였지만 세상에서 높일 줄을 몰랐다. 사람들은 한갓 그 외형만 보고 어떤 사람

* 언어와 행동이 모가 나 남과 서로 맞지 않음.

은 고인高人 또는 일사逸士라고도 하고, 혹은 성격이 자유분방하여 구속을 받지 않는 자라고도 하였는데, 이 말들이 어찌 나의 숙부에 대해 충분히 안 것이라고 하겠으며, 또 숙부에게 무슨 관계가 있겠는가.

일찍이 이르기를 "백 리 되는 읍을 얻어 다스리게 되면 가난한 자는 부자로 만들 수 있고 야박한 자는 순후하게 만들 수 있으며, 어지러운 것은 잘 다스림으로써 나라의 보장保障이 되기에 충분할 것이다" 하였다. 말년에 한 번 나간 것은 그 의도한 바가 대개 여기에 있었는데 불행하게도 병환으로 관직에서 세상을 뜨고 말았으니 이는 하늘의 뜻인가, 아니면 운수 때문인가. 나이는 62세였다. 선조부의 묘 오른쪽에다 장사를 지냈다. 아들은 4형제를 두었는데 모두 장수하지 못하였다. 손자는 거인據仁인데, 그가 술述을 낳았다.

불초한 내가 일찍이 책을 지고 스승을 찾아가서 배우지 못하였고 가정에서 배워 좋은 영향을 받아 성취한 효과는 없었지만, 문호門戶를 유지하여 죄악에 빠지지 않게 된 것은 모두 숙부의 영향을 받은 것이다. 흐느끼면서 명銘을 쓴다.

아, 하늘이 이 분을 내신 것이
우연입니까 아닙니까
아니라면 어찌 이렇게 하고 말았습니까
원대한 것이야 원하는 바가 아니었으니
곤궁함을 스스로 즐기셨지요

성인을 배울 수 있다고 하시고서
극기도 능히 하셨습니다.
거만한 듯 공손하고
온화한 듯 방정하셨으니
좌우에서 벌인 황홀한 솜씨를
아무도 헤아리는 사람이 없었습니다.
만년晩年에 한 번 일어나
조금 시험한 것마저 끝을 보지 못하였으니
하늘이 슬픈 일이 아닙니까.

3 조선왕조실록 중 이지함 관련 주요 기사

-선조 007 06/06/03신해
삼공 이하가 초야에 있는 조목・이지함・정인홍・최영경・김천일을 추천하다

삼공三公과 이조吏曹가 같이 의논하여 이조의 낭청郎廳이 말하기를
"암혈巖穴에 은둔한 선비는 신들이 아직 들은 바가 없으므로 감히 논천論薦할 수 없으나, 우선 지금 학행學行이 두드러지게 알려진 전 참봉參奉 조목趙穆, 학생學生 이지함, 생원生員 정인홍鄭仁弘, 학생 최영경崔永慶・김천일金千鎰 5인을 초계抄啓합니다. 이 사람들에게 관례에 따라 참봉의

말직未職을 준다면 각별히 거두어 쓰는 뜻에 맞지 않을 듯하니, 참상參上의 상당한 벼슬을 제수하는 것이 어떠하겠습니까?"

하니, 아뢴 대로 하라고 전교하였다.

- 선조 007 06/06/05계축
대신이 천거한 5인에게 6품직을 내리다

대신들이 천거한 선사善士 5인 중에서 상중喪中에 있는 조목을 제외한 이지함·정인홍·최영경·김천일은 다 6품의 벼슬을 받았다.

- 선조 007 06/07/06갑신
이지함이 6품에 제수되자 귀를 씻고 돌아가다

이지함의 호는 토정이다. 형 이지번李之蕃의 병 때문에 입성入城하여 보고서 6품 벼슬에 제배除拜되었다는 말을 듣고서 귀를 씻고 곧 돌아갔다.

- 선조 007 06/07/12경인
이지함·최영경이 사직하니 이조가 체직하기를 청하다

이지함·최영경이 모두 사직하고 숙배肅拜하지 않으므로, 이조吏曹

가 갈아 차출하기를 계청하였다.

- 선조 012 11/05/05을묘
헌부가 천거된 이지함·김천일을 외직에 제배한 이조의 처사를 따지다

사헌부가 아뢰기를
"임하林下의 어진 사람을 버려둔 지 이미 오래되었는데도 부직付職시킬 뜻이 없다가 공의公議가 시끄럽자 그제야 비로소 제배하였으니 이미 잘못되었습니다. 그리고 지난번 학행學行으로 부름을 받은 신하를 즉시 외관에 보직하였으므로 사람들이 실망하고 있으니 이조의 당상과 색낭청을 추고하소서. 아산현감 이지함과 임실현감 김천일을 체직하여 상당한 직에 제수하소서."
하니 답하기를
"어진 사람을 등용하는 것은 백성을 다스리기 위해서인데 백성 다스리는 데 쓰지 않고 어디에 쓰겠는가? 그런 말은 할 필요가 없다. 윤허하지 않는다"
하였다.

- 선조 012 11/05/06병진
아산현감 이지함이 시폐를 상소하다

아산현감 이지함이 시폐時弊를 진술한 상소를 입계하니, 그대의 뜻이 옳다고 답하였다.

- 선조 012 11/07/24계유
충청도사가 아산현감 이지함이 죽은 일로 장계하다

충청도 도사忠淸道都事가, 아산현감 이지함의 상소를 올려보내려 하였는데 미처 올려보내기도 전에 이지함이 죽은 일로 장계를 올렸다. 입계하고 정원이 아뢰기를
"이지함은 맑은 마음에 욕심이 적고 높은 재예에 뛰어난 식견을 가진 사람으로서 그 언론言論과 풍지風旨는 사람들의 이목耳目을 감동시켰습니다. 집에서는 효우孝友의 행실이 돈독하였고 백성을 다스림에 있어서는 어루만져 돌보는 정성을 다하였습니다. 그가 죽음에 임하여 올린 한 통의 상소를 보건대, 정성스럽고 정녕하여 시무時務를 아는 뛰어난 사람이라고 할 만합니다. 지난 선조先朝 때에도 현감 김범金範이 죽었을 때에 특별히 은전을 내렸었으니 그 전례에 따라 포장褒獎하소서"
하니 전교하기를,
"증작贈爵까지는 할 수 없으나 특별한 치부致賻는 해야 하는데 그것도 경솔히 할 수는 없으니 대신에게 하문하라. 그 상소를 해사에 내려 대신과 의논하여 회계하게 하라"

하였다. 영의정 권철, 좌의정 홍섬, 영부사 박순朴淳이 의논드리기를,

"비록 증작은 할 수 없더라도 치부하는 은전은 베푸소서"

하고 우의정 노수신은 의논드리기를,

"간략하게나마 상당한 관작을 추증하시고 치부와 치제致祭를 내리소서"

하니 전교하기를,

"특별한 치부와 조제吊祭를 하되 김범의 예에 따라 하라"

하였다.

- 선수 007 06/05/01경진
이조에서 이지함·최영경 등을 천거하다

뛰어난 행실이 있는 선비를 천거하라고 명하였다. 이에 이조가 이지함·최영경·정인홍·조목·김천일을 천거하여 명에 응하였는데, 모두 6품직에 제수하였다.

- 선수 007 06/05/01경진
이지함의 인품

이지함은 기개와 도량이 비범하고 효성과 우애가 뛰어났다. 젊었을

때 해변에 어버이를 장사 지냈는데, 조수가 조금씩 가까이 들어오자 먼 장래에 물이 반드시 무덤을 침해하리라 판단하고 제방을 쌓아 막으려고 하였다. 그리하여 우선 돌을 운반하여 배에 싣고 가서 포구를 메웠는데, 수없이 돈이 들었으나 스스로 벌어들여 준비하기를 귀신같이 하였다. 해구海口가 깊고 넓어 끝내 성공하지는 못하였으나 뜻만은 포기하지 않고 말하기를,

"성공하느냐 못 하느냐는 하늘에 달렸으나 자식으로서 어버이를 위해 재난을 막는 계획은 게을리 할 수 없다"

하였다. 평소 욕심을 내지 않고 고통을 견디며, 짚신에 죽립竹笠 차림으로 걸어서 사방을 다니며 도학과 명절名節이 있는 선비를 사귀었다. 그와 함께 이야기하면 기발하여 사람의 주의를 끌었으나, 혹은 수수께끼 같은 농담을 하며 점잖지 못한 자태를 보이기도 하였으므로, 사람들이 그를 헤아릴 수가 없었다.

- 선수 008 07/08/01임인
포천현감 이지함이 고향으로 돌아가다

포천현감 이지함이 벼슬을 버리고 고향으로 돌아갔다. 지함은 원으로 있으면서 스스로의 처신을 검소하게 하고 백성 보기를 자식처럼 하였다. 고을이 빈약하여 곡식이 모자라자 조정에 건백하여 해읍海邑의 어량漁梁을 절수折受받아 곡식을 사서 빈약한 재정을 보충하게 해줄 것

을 청하였으나, 조정이 따라주지 않았다. 지함은 본디 고을 원으로 오랫동안 머무를 생각이 없었기 때문에, 곧 병을 핑계하여 사직하고 돌아갔다.

- 선수 012 11/03/01임자
대사간 이이가 소명을 받고 사은한 뒤에 체직을 요청하다

대사간 이이가 소명을 받고 대궐에 나와 사은한 뒤에 아뢰기를
"상께서 지금 상중에 계시는데 신하의 심정에 차마 편안히 있을 수 없어서 이렇게 몸을 이끌고 길을 나섰습니다. 이 구구한 정성은 다만 한번 성상을 우러러보고 싶었을 뿐 애당초 직무에 이바지할 뜻은 없었습니다. 신의 직책을 갈아주소서"
하니 사양하지 말라고 답하였다.〔전부터 왕후의 상사에는 퇴로退老했거나 폐고廢錮당한 신하는 본 읍 관청 뜰에 나아가거나 한가한 곳에 가서 망곡望哭한 다음 성복成服하였고 대궐에 들어가 임곡臨哭하는 예가 없었다. 그런데 이이가 소명을 받고 대궐에 나아가자 사람들이 오히려 의심하였다. 지금은 왕후의 초상과 장사에 지방에 있는 자들이 모두 대궐에 왔으며 죄를 짓고 쫓겨난 사람도 오히려 교외에서 곡송哭送하는 것을 예로 삼고 있다.〕 이이가 이미 물러가 있으면서 소명을 여러 차례 사양하다가 이때 비로소 대궐에 나아가니 벗이 그 까닭을 물었다. 그러자 이이가 말하기를

"나는 산림의 선비가 아니라 녹질祿秩과 직명職名이 항상 조정의 사적仕籍에 기록되어 있는 사람이다. 평소라면 소명을 사양할 수 있겠으나, 지금은 주상이 상중에 계신데 물러나 있다고 하여 소명을 사양하기가 미안하기 때문에 한번 나와 사은하고 사직하려는 것일 뿐이다"

하였다. 이때에 동인東人과 서인西人의 논의가 아직도 화합하지 못하였는데 집의 정철鄭澈이 자못 화평한 논의를 가지고 이이에게 서울에 머물러 있으면서 동·서인 사이를 조화시켜줄 것을 권했다. 그리고 김계휘金繼輝가 이이에게 말하기를

"지금 사류들이 화합하지 않기 때문에 청론이 행해지지 않아서 조정이 혼탁해지고 있는 실정이다. 그대 같은 사람은 나라의 두터운 은혜를 받고 있는 처지로 혹 후일 헤아리지 못할 변이 생긴다면 그 일을 구제하기 위해 달려가지 않고 앉아서 구경만 하고 있겠는가. 난이 일어난 뒤에 달려가 구제하는 것이 어찌 난이 일어나기 전에 방지하는 것만 하겠는가"

하니 이이가 말하기를,

"사람이란 일어선 다음에 걸을 수 있는 것인데 만약 내가 그대로 머문다면 참으로 명의名義가 없는 것이다. 따라서 내 자신이 지조를 잃는다면 사람이 서지도 못하면서 걸으려고 하는 것과 같다"

하였다. 이지함도 이이에게 서울에 머물 것을 권하였으나 듣지 않았다.

- 선수 026 25/11/01정사

충청도 한산 사람 이산겸이 조헌의 남은 군사를 거두어 적을 토벌하다

충청도 한산韓山 사람 이산겸李山謙이 조헌의 남은 군사를 거두어 적을 토벌하였는데, 이산겸은 이지함 첩의 아들이다. 〔이지함의 고향故鄕이라서 따르는 자가 많았다.〕

- 선수 028 27/04/01기유

우참찬 이산보의 졸기

우참찬 이산보李山甫가 졸하였다.

이산보는 무군사 당상撫軍司堂上으로서 검찰사檢察使가 된 지 1년여에 군량을 운송하는 데 공을 세웠고, 명을 받아 기민을 진휼하다가 지친 나머지 병이 들어 죽으니 향년 56세였다. 이산보의 자는 중거仲擧로 위인이 목눌木訥하고 충박忠朴하였으며, 어릴 적부터 숙부인 이지함에게 배워 학문에 열중하고 착한 일을 좋아하였으므로 행실이 향리에 드러났다. 이지함이 매양 칭찬하기를

"대인大人은 적자赤子의 마음을 잃지 않는 법인데, 오직 산보만이 그에 가깝다"

하였으며, 또 말하기를

"옛날에 어린 임금을 부탁할 만하고 큰 절의를 세움에 임하여 뜻을 빼앗기지 않을 만한 자라는 말이 있는데, 산보가 바로 그런 사람이다"

하였다. 종형從兄인 이산해는 세상의 추앙을 받아 공명이 혁혁하게 드러났으나, 산보는 훌륭한 재주를 드러내지 않아 명론名論이 산해에 밑돌았다. 그러나 호서湖西의 인사들은 모두 산보를 숭모하여 장덕 군자長德君子라고 하였는데, 그가 죽자 향사鄕祠를 지내고 명곡 선생鳴谷先生이라 칭하였다.

참고문헌

사료
『명종실록』
『선조실록』
『선조수정실록』
『토정집』
『화담집』
『연려실기술』
『대동야승』
『어우야담』
『동패락송』
『동유사우록』
『해동이적』
『해동전도록』
『기언』
『북학의』

단행본 및 논문
강성조, 「토정 이지함 연구」, 『인천대학논문집』 5, 1983
김용덕, 「이지함의 경제사상」, 『한국의 사상』, 열음사, 1984
노대환, 『동도서기론의 형성과정 연구』, 일지사, 2005
박희병, 『한국고전인물전연구』, 한길사, 1992
백승종, 『예언가 우리 역사를 말하다』, 푸른역사, 2007
손찬식, 『조선조 도가의 시문학 연구』, 국학자료원, 1995
신병수, 「토성 이지함의 학풍과 사회경세사상」, 1996
신병주, 『남명학파와 화담학파연구』, 일지사, 2000
신병주, 『조성중, 후기 지성사 연구』, 새문사, 2007
심경호, 『김시습평전』, 돌베개, 2003
윤주필, 『한국의 방외인문학』, 집문당, 1999
윤태현, 「토정의 사회개혁사상연구」, 동국대 석사 논문, 1992
이석린, 『조헌연구』, 신구문화사, 1993
정옥자, 『조선후기 역사의 이해』, 일지사, 1993
정호준, 『조선후기 정치사상 연구』, 혜안, 2004
한국역사연구회, 『조선시대 사람들은 어떻게 살았을까』, 1997
한영우, 「이수광의 학문과 사상」, 『한국문화』, 1992
한영우, 『실학의 선구자 이수광』, 경세원, 2007

주註

서언

1 김용덕, 「토정 이지함의 경제사상」, 『한국사수록』
2 강성조, 「토정 이지함 연구」 『인천대학 논문집』 5, 1983
3 윤태현, 「토정의 사회개혁 사상 연구」, 동국대학교 석사논문, 1992
4 신병주, 「이지함의 학풍과 사회경제사상」, 『규장각』 19, 1996
5 한영우, 「李晬光의 학문과 사상」, 『韓國文化』 13, 1992, 고영진, 「16세기 후반~17세기 전반 서울 침류대학사의 활동과 의의」, 『서울학연구』 3, 1994, 신병주, 「南冥 曺植의 학문 경향과 현실 인식」, 『韓國學報』 58, 1990, 신병주, 「花潭 徐敬德의 학풍과 현실관」, 『韓國學報』 84, 1995
6 신병주, 『남명학파와 화담학파 연구』 2000, 일지사

제1부

1 『선조수정실록』 권20, 선조 19년 10월 壬戌.
　惟其士禍之甚酷 故識微之士 咸謹於出處 成守琛知有己卯之難而隱於成市成運身遇鵁原之慟而藏於報恩 李滉心傷同氣之被禍而退居禮安 林億齡駭見百齡之戕賢而棲遲外服 又如徐敬德之遯于花潭 金麟厚之絶意名宦 曺植李恒之幽棲海隅 莫非乙巳之禍有以激之也 鄭之雲學於金安國而懲其師幾陷大綱韜名麴糵 成悌元親覩宋麟壽之遭慘則婆娑未班恢諧終保 李之菌目見安名世之赴市則週遊海島 伴狂逃世 是皆廓廟大器濟世高材鴻飛脫戈枯落嚴壑
2 『三峰集』 권7, 「朝鮮經國典」 上, 禮典, 擧遺逸
3 명종대에는 유일 등용의 주요한 기준으로 經明·行修·純正·勤謹·老成·溫和 등 6가지 조목이 제시되었다. 『명종실록』, 권33, 21년 7월 戊申 참조
4 『명종실록』 권26, 명종 15년 7월 丁卯
　上御思政殿 親政傳曰 國家所當先用忠孝遺逸之人
5 『중종실록』 권93, 중종 35년 7월 乙巳
　上命東班三品以上 西班二品以上 各擧遺逸之士
6 『명종실록』 권1, 즉위년 8월 辛卯
7 『광해군일기』 권97, 광해군 7년 11월 辛巳

二日收用遺材 (…) 自祖宗朝 有搜拔逸民之擧 而先王臨政 亦設經明行修 不次擢用 才堪守令等條
　　目 務盡收羅之道 當世群材 蔚然幷出 其非善人爲國之楨者乎
8 서경덕에 관한 기록 중에는 두루 명산대천을 유람하여 그의 뜻을 넓혔다는 내용이 자주 보인
　　다. 『중종실록』, 권103, 중종 39년 5월 戊戌 및 『花潭集』 참조
　　徐敬德 松都人 自小力學 邊遊名山大川 以廣其志
9 『남명집』 권2 「遊頭流錄」 참조
10 曹丘鎬, 「소설문학에 나타난 南冥의 人間像」, 『南冥學硏究論叢』 4집, 1995에서는 성제원이 보
　　은현감을 지낸 것이 1553년이고, 서경덕이 1546년에 작고했다는 점을 들어 이 기록이 시기적
　　으로 착오가 있음을 밝히고 있으나, 이 기록은 화담, 남명, 토정 모두가 명산대천 유람을 즐기
　　고, 학문과 기질이 비슷했음을 보여주는 대표적인 사례로 볼 수 있다.
11 『연려실기술』, 「明宗朝遺逸」 成悌元
　　成運隱俗離安靜恬淡琴書自樂 曺植嘗來訪公適在坐 植與公初面親若舊友徐敬德李之菡亦連袂
　　而至同歡數日 植將行公預設餞席于中路 獨追而送之執手泣別曰 君我俱中年各棲異鄕 更面詎可
　　期乎 李浚慶聞之歎曰 當時應有德星動於天矣 公未幾下世
12 『東洲先生逸稿』 「年譜」 32년(1537)
　　先生在縣時 南冥土亭花潭皆遠至 爲對牀連夜語 李相國浚慶聞之曰應有德星見於天矣
13 『花潭集』 권3 「遺事」
　　曺南冥徐花潭李土亭皆間世名賢 東洲嘗宰報恩 南冥土亭花潭皆至 爲對床連夜語 李相國浚慶
　　聞之日 應有德星見於天矣出尤庵時烈文集
14 『연려실기술』 권9, 「中宗朝遺逸」 柳藕
　　天文卜筮律呂算數書畵 各極其妙
15 奎章閣, 『奎章閣所藏文集解題1』 「東洲逸稿」 해제 참조.
16 『東洲先生逸稿』 부록, 「諸家記述」
　　東洲先生是學康節之學者 而先賢惜其不生於中朝則非偏邦之小儒矣

제2부
1 『萬姓大同譜』, 『韓國系行譜』, 1992, 寶庫社, 韓山 李氏

穀 - 穡 - 種善 - 季甸 - 塤 - 長潤 - 穉
　　　　　　　　　金孟權女

```
穉 ┬ 之蕃 ─ 山海 ┬ 慶伯
  │ 南修女  山光  └ 慶全
  │
  ├ 之茂 ─ 山甫 ┬ 慶倬
  │ 具承裕女    └ 慶侁
  │
  └ 之菌 ─ 山斗 ─ 據仁
    李呈琅女 山輝 ─ 慶修
            山龍
            山謙
```

2 『토정유고』 권下, 遺事
　　卒于萬曆六年戊寅七月十七日 墓在保寧縣西高㜈山先壟右邊

3 강성조, 앞의 논문 12쪽 참조.

4 輿地圖書, 忠淸道 保寧, 人物, 金孟權

5 輿地圖書, 忠淸道 保寧, 人物, 李之蕃

6 『연려실기술』, 宣祖朝故事本末,「宣祖朝相臣」, 李山海
　　五歲始受學季父土亭 土亭敎以太極圖 一語便知天地陰陽之理 指圖論說
　　嘗讀書忘食 土亭念其傷也

7 위와 같음.

8 『선조수정실록』 권12, 11년 7월 庚戌
　　聚毛山守呈琅女

9 이정랑의 공초에서도 자신의 시골집이 충주임이 나타난다.
　　『명종실록』 권9, 4년 4월 丁卯
　　毛山守呈琅供曰 (…) 臣之忠州鄕家 距連泉四十餘里

10 『토정유고』 권下, 「墓碣銘」
　　一日謂吾先人曰 我觀婦門 無吉氣 不去 禍及將己 挈妻子而西 翌年禍作 旣歸
　　『토정유고』 권下, 「諡狀」
　　一日謂省庵公曰 吾觀婦門 無吉氣 不去禍將及 挈妻子寓居保寧 明年婦家果構禍

11 이정랑이 역모 사건에 연루된 전말에 대해서는 『명종실록』, 권9, 명종 4년 5월. 庚午・辛未・丁亥條의 기록 참조.

12 『명종실록』 권9, 명종 4년 11월 戊辰
　　領議政李芑 宗簿寺提調具壽聃 以續寫璿源錄入啓曰 前例逆賊則削籍矣
　　毛山守茂松守子孫 請竝削屬籍 傳曰如啓

13 『선조실록』 권7, 6년 6월 辛亥
　　三公吏曹同議 吏曹郞廳啓曰 巖穴隱遁之士 臣等時未有所聞 不敢論薦 以當令學行著聞者 前參

奉趙穆學生李之菡生員鄭仁弘學生崔永慶金千鎰 五人抄啓矣 此人等 若例授參奉末職 則未副各
別收用之意 請參上相當職 除授何如 傳日依啓
14 『선조수정실록』권7, 6년 5월 庚辰
李之菡氣度異常 孝友出人 少時葬親海曲 潮水漸近 度於千百年後 水必齧墓 欲築防捍之 先運石
戰舟 沈墳浦港 動費千金 資皆躬自貨殖 辦集如神 然海口 深闊 功竟不就 志猶未已日 成否在天
而人予爲親防患之計 不可懈也 平居寡慾耐苦 草履竹笠 徒步而行四方 徧交道學名節之士 與之
論說奇發動人 或謎戲不莊 人莫能測
15 『선조실록』권12, 11년 4월 辛丑
忠淸都事書狀 牙山縣監尹春壽 恤民不謹 貪墨無厭 一道騰播 皆滿臨迫 春夏登殿最 疑畏托病 棄
官而居 各別置罪 以杜奸詐之漸事
16 『토정유고』권上,「莅牙山縣監時上疏」
殿下廳臣言 亟命減軍額除一族 猶可及救 不然後雖有悔 口+筮臍無及 臣爲上爲民 豈爲
民而不爲上哉
17 『선조실록』권12, 11년 5월 丙辰
牙山縣監李之菡 陳弊上疏入啓 答日爾意是矣
18 『선조실록』권13, 12년 3월 癸酉
忠淸道都事書狀 牙山縣監李之菡上疏上送 而未及上送之前 之菡身死事入啓
政院啓日 李之菡澄心寡慾 高才絶識 言論風旨 動人耳目 居家篤孝友之行
臨民盡撫字之誠 觀其將死一疏 懇惻丁寧 可謂識時務之豪傑
19 『선조수정실록』권12, 11년 7월 庚戌
菡嘗於龍山麻浦港口 築土爲阜 下爲窟穴 上爲亭舍 自號土亭
20 『國朝人物考』, 李山海撰 李之菡 墓碣銘
以所居屋築以土 平其上爲亭 故自號土亭
21 『眉叟記言』, 別集, 紀行, 戊戌舟行記.
乘舟瓮占前浦 翃圭羽從之 圭羽後過土亭來 土亭者土亭丈人所築者也 丈人
有高行異才 傲物自戲者也
22 현재 마포대교에서 상수동에 이르는 길을 '토정길'이라고 하는 것은 이지함이 이곳에서 거주
한 데서 유래한 말이다.
23 『東儒師友錄』권23,「花潭先生門人」, 李之菡遺事
李土亭之菡 甫妙歲受易於徐花潭
24 『大東野乘』권71,「竹窓閑話」
世之崇信風水 實權輿於李氏家矣
25 『大東奇聞』,「李之菡割袍衣三介兒」
26 동패락송은 '우리 당의 이야기를 되풀이 외운다'는 뜻으로 붙인 말로 현재 5종의 이본異本이
알려져 있다. 연세대 도서관 소장본 1권 1책, 이화여대 도서관 소장본 2권, 임형택 소장본 2권,

일본 천리대 소장본 1권 1책, 일본 동양문고 소장본 2권 2책 및 『동패락송속續』 1책 등이 그것이다. 편저자는 미상으로 편저자는 구전되던 이야기를 단순히 채록한 것만은 아니다. 독특한 작가 의식으로 조선후기의 역사적 방향과 그 시대 속에서 자신을 새롭게 정립시킨 인물상을 형상화한 것으로 보인다.

27 『東稗洛誦』,「土亭李之菡好行怪詭取老人譏」
28 『東稗洛誦』,「土亭却不狎花潭之婢」
29 『東稗洛誦』,「土亭怪着陶笠索帶祛癎疾」
30 『東稗洛誦』,「土亭作鹽商於馬上揮鞭成樂音有人知追」
31 『東稗洛誦』,「孤靑與成東洲李土亭望見南極老人星」
32 『토정유고』, 附錄,「墓碣銘」
　　接人則陽春礴然 處己則千仞壁立
33 박희병,「異人說話와 神仙傳」,『韓國古典人物典研究』, 1992, 한길사, 190-198쪽
34 『토정유고』 권下, 遺事
　　鄭北窓李土亭 皆以異人見稱
35 『輿地圖書』, 京畿道 抱川, 名宦
　　鄭礴嘉靖己亥爲縣監, 李之菡萬曆甲戌爲縣監
36 이산해가「陳弊箚」에서 적극적인 자연책煮鹽策을 제시한 것이 그러하다.

제3부
1 『토정유고』 권下, 遺事
　　先生常自保寧上京 朝進斗米之飯 別無裏糧 而步行一二日 輒到京
2 輿地圖書의 충청도 보령의 인물조에는 이지함의 외가 인물로 장인인 김맹권과 김맹권의 아들인 김극양과 증손 김백간이, 부계 인물로 이치, 이지번, 이지함, 이산보, 이산해 등이 기록되어 있어서, 이 지역에서의 이지함 가문의 위상을 짐작할 수 있다.
3 『토정유고』 권下 遺事
　　乘一葉片舟 四隅繫大瓢 三入濟州
4 『擇里誌』,「卜居總論」, 生利
　　龍山西爲麻浦土亭籠巖等江村 並通西海之利 爲八道舟船之湊集
5 『토정유고』 권上,「莅抱川時上疏」
　　伏以臣海上之一狂泯也
6 『토정유고』 권下, 遺事
　　重峰聞先生隱居海隅 倘伴不仕 乃修束修之禮 而受學
7 『선조수정실록』 권20, 선조 19년 10월 壬戌
　　李之菡目見安名世之赴市 則週遊海島 伴狂逃世

8 『선조수정실록』 권6, 선조 6년 5월 庚辰
　少時葬親海曲 潮水漸近 度於百年後 水必齧墓 欲築防捍之
9 『토정유고』 권下, 遺事
　性喜乘舟 泛海涉危而不驚
10 『선조수정실록』 권12, 11년 7월 庚戌
　好乘舟浮海 嘗入耽羅 古風侯潮 未嘗遇險
11 『토정유고』 권上, 「莅抱川縣監時上疏」
12 『海東異蹟』, 李之菡
　李栗谷祭土亭文曰 (…) 公又號水僊仙과 동일한 글자
13 『토정유고』, 附錄, 「過安眠島憶土亭先生」
14 『海東異蹟』, 李之菡
　土亭與一友人於麻浦發船 頃刻間出大洋中 泊一島
15 『토정유고』 권上, 「莅抱川縣監時上疏」
16 『선조수정실록』 권48, 19년 10월 壬戌
　曹植李恒之幽棲海隅 莫非乙巳之禍有以激之也
17 『大東野乘』 권54, 「畸翁漫筆」
　每與學徒同行 有時卒然問及經史
18 『선조수정실록』 권7, 6년 5월 庚辰
　平居寡慾耐苦 草履竹笠 徒步而行四方 徧交道學名節之士
19 『眉叟記言』, 原集, 淸士列傳, 東山翁
　土亭公嘗遊南中 見南冥隱者
20 『토정유고』 권下, 遺事
　觀象者一日晨叩先生之門曰 邇來少微星精薄已久 去夜星忽沈精 於君有災
　故特來爲問耳 先生曰噫 吾何敢當是應 必於南冥曹處士有災也 未幾南冥亦卒
21 『토정유고』, 「土亭先生遺稿序」
　其所與交遊 如朴思庵高霽峰栗谷牛溪尹月汀及我松江先祖
22 『선조수정실록』 권12, 11년 7월 庚戌
　與李之菡最相善 珥勸以性理之學 之菡曰 我多慾未能也

제4부
1 『선조수정실록』 권48, 19년 10월 壬戌
　尤好獎晦後生 李山甫之孝友忠信 朴春武之恬靜自守 具有所自 至如徐起
　下賤之人 貧不力學 不愛其財 資以成就
2 『선조수정실록』 권26, 25년 8월 戊子

獨李之菡每稱之日 今世草野間 小見人才 惟趙汝式安貧樂道 擺脫名利
　　愛君憂國 出於至誠 求之古人 實罕其儔 此外吾不知矣 人或疑其失評
　　之菡曰 後當知之 但記吾言也
3 『孤靑遺藁』, 附錄, 遺事
　　先生謂門生曰 余家在洪州 少時受業於土亭李先生 相距二十里 貧不能騎
　　徒步往學 雖寒暑未嘗一日廢也
4 『孤靑遺稿』, 附錄, 墓碣銘
　　稍長益力于學 百家衆技之說 無不涉獵 尤慕禪學 年二十餘 始遇土亭李先生
　　聽其指敎 始知吾道之正 盡棄其學而從之
5 『孤靑遺稿』, 附錄, 墓碣銘
　　嘗與土亭周流四方 無遠不到 至航海 適耽羅登漢拏山 盡南極而還 土亭又令就學
　　于履素齋李公之門 受大學中庸等書
　『燃藜室記述』, 宣祖朝故事本末, 「宣祖朝名臣」 徐起條에도 관련 기록이 나온다.
6 이에 대해서는 윤남한, 『조선시대 양명학 연구』, 집문당, 1982, 152-171쪽 참조
7 『東儒師友錄』권22, 「李履素門人」 및 『典故大方』권3, 「履素齋李仲虎門人」 참조
8 時松京有徐花潭與先生講禮數日 歎曰不可及也
9 『澤堂集』別集, 권15
　　朴枝華庶人也 博學能文章 亦有理學之名 徐起賤人也 明經授徒 而人好遊山水
　　隱於名山 皆花潭門弟之流 亦頗好怪 故世以朴爲仙去 徐爲有前知之術 聞花潭
　　之風者 大槪如斯
10 『孤靑遺稿』, 附錄, 遺事
　　至天象地理人事之變 靡不究極 又作璿璣玉衡 以準天地度數日月行道
　　絲毫不差
11 『大東野乘』권54, 「畸翁漫筆」
　　趙重峰學於土亭 沈潛經史 (…) 重峰精於象緯
12 『토정유고』권上, 「次宋雲長翼弼韻」
13 『토정유고』권下, 遺事
　　其一人常在海上捕漁爲業 始見於忠淸海上 後十餘年 在見於全羅海上
　　居無定所 以舟爲家
14 『선조실록』권53, 27년 7월 戊戌
　　弘文館應敎柳拱辰 副修撰鄭燁上箚曰 (…) 搖之所論 盛稱王守仁之學 以亂聖聽 臣等不勝驚怪之
　　至 守人之學 合仙佛而爲一 以仮儒之名 而其心强狼 自用其說 張皇震耀
15 오종일, 「陽明傳習錄傳來考」 『철학연구』 5, 1978 ; 이병도, 앞의 책, 322쪽 재인용
16 윤남한, 『조선시대 양명학연구』 집문당, 1982, 9-13쪽 참조
17 『선조수정실록』권1 선조 즉위년 7월 庚午

18 『西厓集』年譜 28세
    先生問 近日中廟道學之崇爲誰 諸生相顧良久曰 王陽明陳白沙也
19 『西厓集』年譜 47세
    先生赴召 上引見論學回問及王陽明致良知及心卽理之說 聖意不甚以爲非 (…) 先生入經筵 又極
    陳陽明心術之非學問之謬 盖聖學高明 不屑於章句 訓詁之學 天學往往有過高處 先生憂之 前後
    勸戒極其深坊
20 정옥자,「유학과 경세론」,『한국사특강』, 1990, 서울대출판부, 357쪽
21 노사광,『中國哲學史』, 宋明篇, 1987, 469-474쪽 참조
22 윤남한, 앞의 책, 35쪽
23 『恥齋遺稿』권2,「日錄抄」
    癸丑六月初十日 前宵 因景浩公 聞于陽明傳習錄 求見則其爲學 大槪務爲好異 專以一心爲內 天
    地萬物爲外 以格致爲非 徑約爲是 故羅欽順著困知記 以功其失

제5부
1 『海東異蹟』, 鄭磏
    天文地理醫藥卜筮律呂算數漢語及外國語 皆不學自通
2 『大東野乘』권3,「師友名行錄」
    丘永安江陵人 字仲仁號壺隱 有文名 己丑年生員第二等 重仕重利 又陰陽
    推步風水醫術仙釋乘除之法 無不涉獵
3 『토정유고』권下,「遺事」
4 『燃藜室記述』권18, 宣祖朝故事本末, 宣祖朝儒賢, 李之菡
    能忍寒暑飢渴 或冬日亦身坐於列風中 或十日絶飮食不病
5 『靜菴集』, 附錄, 권6,「行狀」李滉撰
    其爲學也 篤信小學 尊尙近思 而發揮於諸經傳 其在平居 夙夜飮飭 嚴然肅然 冠服威儀 罔或惰度
    出言制行 動稽古訓 其持敬之法也歟
6 『近思續錄』권4, 存養
    整齊嚴肅 則自然主一無適 而應接精當言動中禮 (…) 心順廣大寬平 而不可有物持心之方
    莫先於敬
7 윤주필,『한국의 방외인 문학』, 집문당, 1999, 191쪽
8 지음은 '거문고의 음을 알다'에서 유래한 말이다.『열자열자』에 백아伯牙가 거문고를 잘 타고 그의 벗 종자기鍾子期는 그 타는 소리를 듣고 백아의 심중을 잘 알았는데, 종자기가 죽자 백아는 자기가 타는 거문고 소리를 이해하는 사람이 없으니 거문고를 타는 것이 무슨 소용이 있으랴 하여 거문고의 줄을 끊고 다시는 손을 대지 않았다는 고사가 나온다. 전하여 자신을 알아주

는 친한 벗을 의미한다.
9 윤주필, 『한국의 방외인문학』, 1999, 집문당, 192쪽
10 『토정유고』 권下, 遺事
   萬曆六年戊寅 政院及經筵官洪迪 請贈爵 三公啓曰 李之菡世人之豪……
11 『토정유고』 권下, 遺事
   又於縣學 欲兼文武之才 以備邦國之用 蘐蔥材調 隱然有孔孟之風度
12 『선조수정실록』 권26, 25년 11월 丁巳
   忠淸道韓山人李山謙 收趙憲餘兵討賊 山謙之菡之妾子也 以之菡故鄕 里徒之者多
13 이병휴, 「慕齋 金安國과 改革政治」, 『민족사의 전개와 그 문화』, 1990
14 호號는 자신이 거주했거나 인연이 있던 곳을 따서 짓는 경우가 가장 일반적이며, 玩好物을 대상으로 하거나 인생관이나 수양 목표를 호로 삼는 경우도 있다(『大東名家號報』〈가람古929.4 So58d〉 참조). 조식의 호 남명南冥은 『장자莊子』에 나오는 용어이며, 이규경의 호 오주五洲가 오대양 육대주를 의미하는 것 등에서 호에는 그 인물의 사상이 은연중에 반영되었음을 알 수 있다.
15 『주역』 「繫辭上傳」 1장
   有親則可久 有功則可大 可久則賢人之德 可大則賢人之業
16 『花潭集』 詩 「觀易吟」
   坎離藏用有形先 道得流行道始傳 義畵略摹眞底象 周經且說影中天 硏從物上能知化 搜自源頭可破玄 不是聰明問世出 難憑竹易討蹄筌
17 金烋, 『海東文獻總錄』 「花潭集」
   終身不忘性理之學 夜以繼日 未嘗少懈 明於易理 而用功尤深
18 『선조실록』 권59, 28년 1월 辛巳
   近世易學 自徐敬德後絶無傳焉 科擧講業稍有進讀 不足以動人主之聽
19 『象村稿』 권52 「晴窓軟談下」 徐花潭名敬德 字可久 生質近於上知 起自草萊 自知爲學 於邵易尤邃 其推出經世之數 無一誤謬 奇哉 使生於中國 薰染大儒函丈之間 則高明透徹 不啻 其所造而已
20 한영우, 「李晬光의 學問과 思想」, 『韓國文化』 13, 1992, 122쪽
23 『선조실록』 권59, 28년 1월 辛巳
   上謂孝純曰 參判精通云 而何無一言耶 孝純曰 今世之人 只解糟粕 變化無窮之妙 則無知者矣
24 『선조실록』 권57, 27년 11월 丙戌
25 『花潭集』 권1, 시 「席上贈人」
   花下移罇松月高 吟來堪擬邵堯夫
26 『花潭集』 권1, 詩 「次留守朴相國祐韻」
   近日山齋剩讀書 得吾邦宰樂紆餘 擬邀司馬公靑眼 一顧天津邵子廬
27 조식의 기질에 대해서는 李樹健, 『嶺南學派의 形成과 展開』, 1995, 347쪽 참조

28 『토정유고』, 附錄, 「墓碣銘」
　　接人則陽春藹然 處己則千仞壁立
29 『토정유고』 권下, 遺事
　　不事科擧 喜不羈自放
30 『南冥集』 권4, 「學記跋」
　　有言曰 程朱以後 不必著書 深以後學著書立言病焉
　『토정유고』, 序
　　先生平日 不喜著述 家藁所存 僅簍簍數編 此何足以窺先生之萬一乎
31 『연려실기술』, 宣祖朝故事本末, 己丑黨籍, 崔永慶
　　公壁立千仞秋霜烈日 胸次灑落玉壺氷月 望之有若神仙其爲氣像風節
　　與曹南冥相伯仲
32 『黨議通略』, 宣祖朝
33 『토정유고』 권下, 遺事
　　先生嘗自漢挐山 乃往海南李潑家 主人尊待之 慮跋涉海程 累日飢困
　　卽以數斗之飯進之
34 『孤靑遺稿』, 附錄, 行狀
　　鄭介淸始以思菴門客 欺世盜名 交遊士類 先生亦與之相熟 及己丑汝立之獄
　　介淸亦連坐 李西溪來告先生曰 介淸欲授先生 將奈何 先生怡然曰 汝實知
　　介淸 任之而已
35 『孤靑遺稿』, 「和鄭介淸」
　　이 시의 말미에서는 '天地不回生物意 凍殍何處見春輝'라 하여 당시 백성들의 어려운 현실을
　　지적하였다.
36 『연려실기술』, 宣祖朝故事本末, 「東西南北論分」
　　己丑逆獄 北人多死 蓋汝立北類故也

제6부

1 『남명집』 권2, 「丁卯辭職呈承文院狀」
2 『선조수정실록』 권48, 19년 10월 壬戌
　　常懼一物失所 志伊尹之志也 不以一毫自浼 實東方之伯夷也
3 『孟子』 「萬章章下」
　　伊尹曰 何事非君 何事非民 治亦進亂亦進曰 天之斯生民也 使先知覺後知 使先覺覺後覺 予天民
　　之先覺者也
4 『선조수정실록』, 19년 10월 壬戌
5 『토정유고』 권下, 「遺事」

鄭北窓李之菡 皆以異人見稱 而觀其平生行跡 實是篤於人倫之人也

제7부

1 『선조수정실록』 권12, 11년 7월 戊寅
 嘗曰 得百里之邑而爲之 貧可富薄可敦亂可治 足以爲國保障 末年赴牙山爲政
 其治以愛民爲主 除害浣弊 方有施設 遽以病卒
2 『연려실기술』, 宣祖朝故事本末, 宣祖朝儒賢, 李之菡
3 『토정유고』 권上, 「莅抱川縣監時上疏」
 抱川之爲縣者 如無母寒乞兒 五臟病而一身瘁 膏血盡而皮膚枯 其爲死也
 非早卽夕
4 『토정유고』 권上, 「莅抱川縣監疏」
 陸海者 藏百用之府庫也 此則形以下者也 然不資乎此 而能爲國家者 未知有也
 苟能發此 則其利澤之施于人者 曷其有極 若稼穡種樹之事 固爲生民之根本
 至於銀可鑄也 玉可採也 鱗可網也 鹹可煮也 營私而好利 貪瀛-水而畜厚者
 雖是小人之所喩 而君子所不屑 當取而取之 救元元之命者 亦是聖人之權也
5 『토정유고』 권上, 「莅抱川縣監時上疏」
 漁則全羅道萬傾縣 有洲名曰洋草 而於公於私無所屬 若以此姑屬抱川
 則浦魚貿穀 數年之內 可得數千石 鹽則黃海道豊川府 有井名曰椒島
 而於公於私無所屬 若以此姑屬抱川 則煮鹽貿穀 數年之內 亦可得數千石
6 위와 같음.
 且抱川旣得蘇復 洋草與椒島 又移給殘獘之列邑 皆如抱川之爲 則非是
 博施濟重之一助乎
7 『南冥集』 권1, 「民巖賦」
 民猶水也 古有說也 民則戴君 民則覆國 吾固知可見者水也 險在外者難狎 所不可見者心也 險在
 內者易褻 履莫夷於平地 跣不視而傷足 處莫安於衽席 尖不畏而觸目 禍實由於所忽 巖不作於溪
 谷 怨毒在中 一念銳 匹夫呼天 一人甚細 然昭格之無他 天視聽之在此 民所欲而必從 寔父母之於
 子
8 위와 같음.
 或曰 君子言義而不言利 何敢以財利之事 達於君父前乎
9 위와 같음.
 況義與利 由人以判
10 위와 같음.
 子思先言利 朱子務糶糴 何有於利哉
11 신병주, 『남명학파와 화담학파 연구』, 일지사, 2000

12 위와 같음.
   大抵德者本也 財者末也 而本末不可偏廢 以本制末 以末制本 然後人道不窮
13 위와 같음.
   生財之道 亦有本末 稼穡爲本 鹽鐵爲末 以本制末 以末補本 然後百用不乏
14 『선조실록』 권8, 7년 8월 壬寅
   抱川縣監李之菡棄官歸鄉 之菡在縣 寒儉自處 視民如子 以縣貧之穀 白于朝
   請折受海邑漁梁 貿穀助給 朝廷不從 之菡本無作邑久留之計 施謝病歸
15 韓明基, 「柳夢寅의 經世論 연구」, 『韓國學報』 67, 1992, 151쪽
16 『鵝溪遺稿』 권5, 「陳弊箚」
   大抵足食之道 屯田爲本 而求時之要 莫急於煮鹽 (…) 我國濱海 盡是鹽場
   而昇平紅腐之餘 不復知有此利者久
17 『인조실록』, 12년 5월 1일 병술
18 『광해군일기』, 11년 4월 乙卯
19 『인조실록』, 3년 10월 27일 임인
20 『後瘳集』 「戶曹判書時上箚」
   自古以來 海內外萬邦 未有無幣之國 而我獨以衣食之資 爲通行之貨 宜其貧且窶也
21 최근에는 이를 '소빙하기'라는 전 세계적인 재해와 관련하여 해석하기도 한다. 이태진, 「16·17세기 장기 자연재난과 붕당정치의 전개」 『한국사회사연구』, 2008
22 고영진, 「16세기말 四禮書의 성립과 禮學의 발달」, 『韓國文化』 12, 1991, 463-470쪽
23 이태진, 「국제무역의 성행」, 『한국사시민강좌』 9, 1991, 74-80쪽
24 17세기 초에는 자연재해로 극심한 가뭄이 계속되었다. 당시의 학자 중에는 계속되는 가뭄을 원망하면서 태양을 '驕陽'으로 표현하기도 했다.
25 이태진, 위의 논문, 75-76쪽
26 『선조실록』 권99, 31년 4월 丙辰
27 고영진, 「16세기 후반~17세기 전반 서울 침류대학사의 활동과 그 의미」, 『서울학연구』 3, 1994, 152-153쪽
28 『五洲衍文長箋散稿』 권32, 「與蕃舶開市辨證說」
   按柳馨遠磻溪雜識云 土亭李之菡嘗言 我國民貧 若於南方歲接琉球國洋船數三隻 可以贍裕 (…) 土亭磻溪皆抱王佐之才
29 『北學議』, 「船」
   若有漂人來泊沿海諸邑 必須詳問船制及他技藝 令巧工依方造成 或從漂船傲學 或留接漂人盡其術 而後還送不妨 土亭嘗欲通外國商船數隻 以救全羅之貧 其見卓乎遠矣
30 『北學議』, 「通江南浙江商舶議」
31 『北學議』, 「財富論」
   善理財者 上不失天 下不失地 中不失人 器用之不利 人可以一日 而我或至於一月二月 是失天也

耕種之無法 費多而收小 是失地也 商賈不通 遊食日衆 是失人也 三者俱失 不學中國之過
32 이헌창,「柳壽垣과 朴齊家의 商業振興論」,『한국실학연구』 4, 2002, 70-72쪽
33 이지함의 주된 활동지역은 출생지인 충청도 보령에서 서울의 마포를 연결하는 곳으로 해상과 인연이 깊다. 특히 만년에 거처했던 마포의 토정은 서해와 통하여 팔도의 배가 모이는 곳으로, 그가 상업과 유통경제를 중시한 것도 해상을 주된 생활권으로 한 그의 지역적 기반과 연관관계가 있을 것이다.

이지함 평전
ⓒ 신병주 2008

1판 1쇄 2008년 12월 19일
1판 4쇄 2024년 11월 1일

지은이 신병주
펴낸이 강성민
편집장 이은혜
마케팅 정민호 박치우 한민아 이민경 박진희 정유선 황승현
브랜딩 함유지 함근아 박민재 김희숙 이송이 박다솔 조다현 배진성
제작 강신은 김동욱 이순호

펴낸곳 (주)글항아리 | 출판등록 2009년 1월 19일 제406-2009-000002호

주소 10881 경기도 파주시 심학산로 10 3층
전자우편 bookpot@hanmail.net
전화번호 031-955-2689(마케팅) 031-941-5161(편집부)
팩스 031-941-5163

ISBN 978-89-546-0735-3 03990

잘못된 책은 구입하신 서점에서 교환해드립니다.
기타 교환 문의 031-955-2661, 3580

www.geulhangari.com